핀란드 교실에서 발견한

행복수업 테라피

핀란드 교실에서 발견한

행복수업 테라피

티모시 D. 워커 지음
권오량 옮김

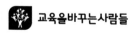 교육을바꾸는사람들

"핀란드에서는 아니야."와
"경고: 자국에서 시도하지 마시오." 사이

한희정 서울 삼양초 교사, 실천교육교사모임 회장

　　핀란드 교육 열풍이 몰아칠 때 나에게 가장 큰 영감을 준 책은 이 책의 서문을 쓴 파시 살베리(Pasi Sahlberg)의 『핀란드의 끝없는 도전: 그들은 왜 교육개혁을 멈추지 않는가(Finnish Lessons: What Can the World Learn from Educational Change in Finland)』이었다. 외부자의 시선을 담은 여러 단행본이나 논문, 기고문보다 내부자의 시선으로 담담하게 그들의 경로를 기록한 것이라 마음에 남았다. 살베리가 그 책 뒤표지에 "경고: 자국에서 시도하지 마시오."라는 딱지를 붙이고 싶었다는 후일담 역시 뼈를 때린다.

　　지난 십여 년 한국 사회에서 핀란드는 선망의 대상이었다. PISA(국제학업성취도평가) 성적도 높은 데다 학생들의 행복도도 최상이라는 점은, 우리가 무엇을 잘못하고 있는지 성찰하고 차근차근 고쳐가기보다 당장 따라하기 쉬운 것부터 모방하도록 강제하는 기능을 했다. 정작 핀란드 교육에서 배워야 할 근원적인 것은 부각되지 못했고, 교육당국은 시스템을 바꾸려는 시도조차 하지 않았다.

우리가 정말 주목해야 할 것은 저자의 아내가 "핀란드에서는 아니야."라고 말했던 부분이 아닐까? 교사들이 매일 8시간 학교에 붙들려 있는 것도 아니고, 문서상으로만 형식적으로 협력하는 것도 아니고, 매년 몇십 시간씩 비슷한 연수를 의무적으로 들어야 하는 것도 아니고, 점심시간이나 쉬는 시간 내내 우리반 아이들을 돌봐야 한다는 책임감에 허덕이는 것도 아니다. 방학기간 동안 사비를 들여가며 공부하고 배우러 다니는 것도 아니다.

이 말을 들은 사람들 중 상당수는 한국 교사와 핀란드 교사를 일대일로 비교하면 안되는 게 아니냐고 항변할 것이다. 그렇다. 국가공무원인 한국 교사와 핀란드 교사가 동일한 대우와 대접을 받을 수는 없다. 파시 살베리의 말처럼 교육제도를 한곳에서 다른 곳으로 이식하는 일은 불가능한 일이기 때문이다. 그렇다면 핀란드는 이렇다던데, 미국은 이렇다던데, 일본은 이런데, 독일은 이런데 하면서 쉽게 지적하는 것 또한 이제 그만두어야 한다. 우리나라는 가장 우수한 인력이 부유한 지역이나 빈곤한 지역, 도심 한가운데나 외딴 지역 가리지 않고 균질하게 보급된, 전 세계에서 몇 안 되는 나라다. 그런 교사들이 무엇 때문에 교직에 대한 만족감과 자부심을 잃어가고 있는지, 이 문제에서 출발해야 한다.

저자가 핀란드에서 새롭게 발견한 것은 핀란드 교사들의 여유,

행복감, 재충전의 시간이었다. 저자가 미국에서 교사로 생활했던 시간을 엿보면서 '미국' 대신 '한국'을 넣어도 그대로 들어맞는다는 생각이 들었다.

이 책은 저자가 핀란드 학교의 교사가 되어 경험했던 것을 성실하게 기록한, '끝없는 도전'의 다른 버전이다. 파시 살베리의 시선 너머를 보여주는, 서로 다른 역사와 문화와 전통 속에서 다름을 확인하고, 더 나음을 고민해볼 수 있게 자극하는 멋진 지침서임에 틀림없다. 언제나 우리의 갈 길은 "핀란드에서는 아니야."와 "경고: 자국에서 시도하지 마시오." 사이에 있다. ▪

차례

웰빙을 위한 수업 테라피

소속감을 높이는 수업 테라피

자율성을 키우는 수업 테라피

숙달을 위한 수업 테라피

사고관점을 위한 수업 테라피

서문

파시 살베리(Pasi Sahlberg)
OECD 교육정책 분석가, 하버드대학교 교육대학원 객원교수

2000년도만 해도 이런 책은 쓸 수 없었을 것이다. 그때 는 전 세계 교육계의 상황이 지금과 사뭇 달랐다. 영국은 성취도 향상과 빈번한 학생평가에 중점을 둔 학교개혁으로 모든 학생과 교사의 인생이 뒤흔들어진 지 꼬박 십 년이 지난 상태였다. 스웨 덴은 대안교육을 선택하고 싶어 하는 학부모들을 대상으로 새로 운 형태의 자유학교를 설립하고 바우처 제도를 도입함으로써 가 장 급진적이라 할 만한 학교개혁을 감행하는 중이었다. 동남아시 아, 일본, 홍콩, 한국, 싱가포르는 특히 읽기, 수학, 과학 분야의 성취도 향상을 위해 교육제도를 조정하는 데 박차를 가하고 있었 다(Hargreaves & Shirley, 2010). 미국의 여러 주에서는 학생 성취도 와 졸업률을 높이기 위해 교사와 학교의 책무성을 강화하는 실험 을 벌이고 있었다. 그 시대에는 세계 곳곳에서 성취도 향상을 위 한 노력에 박차를 가하고 있었다. 만약 이 책을 2000년에 썼다면,

당시의 여러 비슷한 책들처럼 교사의 효율성을 높일 새로운 모형, 부진한 학교를 회생시킬 전략, 교육제도 전체를 뜯어고쳐야 할 당위성에 관해 이야기했을 것이다.

2000년 당시 교육관계자들이 모이는 국제적인 자리에 가서 교육 발전과 학교 개선을 위한 아이디어를 얻기 위해 어디를 가보겠냐고 물었다면 참석자 대부분은 앞서 언급된 나라들을 선택했을 것이다. 호주, 뉴질랜드, 독일, 네덜란드에서 벌어지고 있는 상황을 언급하는 사람들도 있었을 것이다. 이들 나라는 교육적 발전을 모니터링하고, 학교 운영 상황을 학부모에게 알리며, 새로운 형태의 교육 리더십을 창조하는 새롭고 흥미로운 모형의 교육시스템을 도입하고 있었기 때문이다. 당시 해외 시찰의 목적지로, 혁신과 변화를 탐구하는 합동연구 프로젝트의 대상으로 어김없이 지목되는 곳이 이런 나라들이었다. 교육에 관해 뭔가 흥미로운 내용을 제공해줄 것으로 기대되는 나라로 핀란드를 지목할 사람은 극소수에 불과했다.

그런데 2001년 12월, 하룻밤 사이에 모든 것이 달라졌다. 경제협력개발기구(OECD)가 소위 '국제학업성취도평가(Programme for International Student Assessment, PISA)'라는 이름으로 만 15세 청소년들의 읽기, 수학, 과학 능력을 조사한 최초의 국제적 연구결과를 발표했을 때, 모든 시선이 북유럽의 이 작은 나라에 쏠렸다(OECD, 2001). 인구 550만 명에 불과한 핀란드가 이 시험에서 모두의 예상을 뒤엎고 다른 31개 OECD 회원국을 제쳤기 때문이다.

이 시험은 청소년들이 성인이 되었을 때 역동적인 지식경제 세상을 얼마나 성공적으로 헤쳐나갈지를 보여주는 지표로 알려져 있었다. 더욱이 핀란드에서는 학교 간 성취도 격차가 거의 없고, 다른 나라에 비해 아이들의 학업이 가정환경의 영향을 덜 받는 것으로 나타났다. 무엇보다 놀라운 건, 핀란드가 학교에 많은 돈을 투자하지 않고도 이런 결과를 얻었다는 사실이다. 세계의 교육계가 혼란에 빠진 것은 당연했다.

갑작스레 무대 한가운데에 선 핀란드 때문에 전 세계의 교육계와 언론사만 당황한 것은 아니었다. 핀란드 교육당국, 학자, 전문가들 사이에서도 상당한 동요가 일었다. 아무도 핀란드 학교가 우수한 교육성과를 낸 데 대해 충분히 수긍할 만한 설명을 내놓지 못했다. 1970년대에 시작된 핀란드의 9년제 종합학교(1학년에서 9학년) 시스템은 2001년 12월 이전까지, 핀란드 사회 각계에서 점점 더 거센 비판을 받고 있었다. 고등학교 및 대학교의 관계자들은 학생들이 상급학교에 진학할 때 갖추어야 할 지식과 기술 수준이 종합학교 시스템으로 인해 서서히, 그리고 확실히 저하되고 있다고 비난했다. 일부 고용주들도 젊은 세대는 직업윤리가 없으며, 힘든 일을 피하고 편한 일만 좇는다고 비판했다. 그리고 종합학교에서는 뛰어난 능력과 재능을 가진 아이들이 잠재력을 충분히 발휘할 수 없다고 생각하는 학부모들도 있었다. 이에 대한 해결책으로 세계 다른 국가에서 하는 대로 따라 하자는 의견이 나오고 있었다. 그중에는 더 높은 성취기준을 마련하고, 학생의 성취에 관해 더 자세한 정보를 제공하며, 자녀를 위한 부모의 학교선택권을 넓히고, 영재들을 위한 학교를 별도로 만들어야 한다는 주장도 있었다. 그런데 2001년 12월 이후, 핀란드 종합학교에 대한 이 같은 저항의 상당 부분이 잠잠해졌다. 따라서 PISA의 발표가 없었다면 이 책은 절대 나오지 않았을 것이라고 보는 게 맞다.

핀란드 학교가 거둔 성공에 관한 수천 가지의 의문과 질문에 핀란드 사람들은 어떻게 반응했을까? 많은 핀란드인은 자국 학생들이 다른 나라의 또래에 비해 나은 성적을 거두게 된 데는 5가지 결정적인 요소가 있다고 믿는다. 그중 네 가지가 학교 및 학교의 권한과 직접 관련이 있고, 한 가지는 아이들의 학교 밖 상황과 관련 있다. 그러나 복잡한 사회제도 안에서 어떤 일이 왜 일어나는가를 설명할 때는 얼마간의 추측이 개입되기 마련이고, 100퍼센트 확신할 수 없다는 점을 기억해야 한다.

첫째, 우리(핀란드인)는 아동이 일곱 살 때 시작하는 종합학교가 모든 아이에게 균형 있고 총체적인 아동중심 교육과 발달을 제공하며, 훌륭하고 공정한 학습을 위한 기초를 닦아준다고 생각한다. 핀란드 학교의 교육과정은 모든 과목을 골고루 다루어서, 모든 학생이 자신의 인성과 재능의 여러 측면을 개발할 기회를 제공한다. 사립학교가 없고 학교 간 경쟁이 없는 핀란드에서는 학교가 어디에 있든, 어떤 아이들이 다니든, 모든 학교가 좋은 학교로 여겨진다. 핀란드 학생 대부분은 능력이나 사회·경제적 지위에 따라

관리받거나 분리되지 않으며, 사회적 다양성이 존재하는 학급 안에서 공부한다. 지난 40년간, 이와 같은 포용 정신은 누구든지 적절하고 충분한 지원이 있으면 학교에서 가르치는 내용 대부분을 배울 수 있다는 믿음을 교사와 학부모들에게 심어줬다. 그 결과, 아동의 웰빙(well-being)과 건강, 행복한 학교생활에 초점을 맞추는 것이 국가적으로 학교교육의 핵심 목표가 되었다.

둘째, 우리는 각양각색의 학생들을 성공적으로 가르치려면 기존에 배출된 교사들보다 더 잘 훈련된 교사가 필요하다는 점을 일찌감치 깨달았다. 그 결과, 교사교육은 일반대학에서 연구중심 대학교로 이관되었다. 1980년대에 이루어진 대학교육 종합개혁의 결과, 교사들도 핀란드의 다른 전문직처럼 연구중심 대학원 프로그램을 이수해야 했다. 새로 졸업한 교사들은 이전 교사들보다 아동심리, 교육학, 특수교육, 교과교수법, 교육과정을 더 많이 공부했고, 교육 전문가로서 더 폭넓은 책임을 질 준비가 되어 있었다. 1990년대에 핀란드 교사들은 학교 교육과정을 함께 개발하고, 가장 효과적인 교수법을 선정하고, 학생들의 학습 정도를 측정하고, 교사로서의 전문성 개발과 성장을 주도할 것으로 기대되었다. 교직의 전문성을 지속적으로 강화한 결과, 교사와 학교에 대한 신뢰가 눈에 띄게 높아졌다. 이것은 다시 교사의 지위를 상승시켰고 젊은이들 사이에서 교직에 대한 매력을 높이는 결과를 가져왔다.

셋째, 우리는 모든 학교에서 아이들의 웰빙과 건강을 확립·증진하는 영구적인 기제를 갖추기로 했다. 주된 목표는 가정에서 기초적인 건강관리와 보살핌이 이루어지지 않더라도 학생의 성공 가능성에 해가 되지 않도록 하는 것이었다. 이와 같은 지원제도의 근간이 된 것은 교육과 관련된 문제는 가능한 한 일찍 파악하고 해결해야 한다고 믿는 새로운 특수교육 체계였다. 각 학교는 이를 달성할 수 있는 충분한 자원과 인력을 지원받았다. 핀란드의 모든 학교는 전문가, 교사, 지도자들로 이루어진 학생지원팀(Student Welfare Team)을 구성해서 문제를 토의하고, 제일 나은 방법으로 이를 해결한다. 물론 이러한 특수교육 서비스가 모든 학교에 갖추어지고 잘 굴러가게 하려면 특수교육이 더 필요한 학교에 더 많은 기금이 할당되도록 재정 지출이 설계되어야 한다. 이것은 핀란드에서 시스템 전반에 교육 형평성을 확립하는 기본 토대가 되었다.

넷째, 우리는 중간급 교육리더, 즉 학교와 지역의 교육리더들이 경험 많고 자격 있는 교육자여야 한다고 생각한다. 학교장은 자신이 맡은 학교에서 실제로 아이들을 가르칠 수 있을 만큼의 실력을 갖춘 사람이어야 한다. 학교의 지도자는 또한 사람들과 학습 조직을 이끌기에 적합하고 알맞은 인물이어야 한다. 핀란드 학교의 지휘 체계는 비교적 수평적이어서, 대부분의 교장은 학교장이면서 동시에 학생들을 가르친다. 덕분에 학교 지도자는 직접적으로 교실 경험을 얻는다. 교장도 학생들을 가르치고 교실에서 자신들과 비슷한 문제에 부딪힌다는 것을 알면 교사들이 피드백을 더 쉽게 받아들이고 걱정거리를 털어놓을 가능성이 더 크다. 핀란드 학교에서는 리더가 교사이고 교사가 곧 리더이다(Sahlberg, 2015).

다섯째, 우리는 학생들의 학교 밖 상황이 학교 안에서의 학습 편차에 상당한 영향을 끼친다는 사실을 알고 있다. 핀란드의 경우 가정환경이 학업성취에 영향을 미치는 정도가 다른 나라에 비해 크지 않지만, 학생이 학교 밖에서 겪는 일들이 교육적 성패(成敗)에 중요한 역할을 한다는 사실은 부인할 수 없다. 그렇기 때문에 특정 아동·청소년 정책은 협회, 클럽, 기구 등의 촘촘한 네트워크와 함께 아동의 웰빙과 건강, 사회적 자본 등에 아주 긍정적인 영향을 미치며, 학교에서의 학습에도 이바지한다. 핀란드에는 약 10만 개의 비정부(민간) 협회가 있고, 1,500만 명의 회원이 있다(Allianssi, 2016). 이는 핀란드인들이 자신의 일터나 학교 밖에서 다양한 활동에 적극적으로 참여한다는 사실을 보여준다. 핀란드 어린이 다섯 명 가운데 세 명은 자유시간에 다양한 형태의 사회활동에 참여한다. 이러한 협회 중 가장 흔한 것이 스포츠, 미술, 문화활동을 제공하는 협회이다. 이러한 조직을 통해 어린이들은 학교에서 배우는 지식과 기술을 보충한다. 핀란드 어린이의 90퍼센트가 학교 밖에서 적어도 한 가지의 취미활동을 한다고 할 때, 학교생활에도 영향을 미칠 것이 틀림없다. 보편적인 영유아 발달 및 보육 시스템, 공공의료, 촘촘한 공공도서관 시스템은 모든 어린이가 성공할 수 있도록 학교의 역할을 뒷받침하고 있다.

교육제도가 어떻게 작용하는지, 학교 안팎의 여러 가지 요소가 결과에 어떻게 영향을 주는지 이해하기는 어려운 일이다. 자신이 속했던 제도가 아닌 다른 교육제도를 완전히 이해하기는 더더욱 어렵다. 일주일 정도 학교를 참관하고 전문가의 의견을 듣는다고 해서 핀란드 교육이 과연 어떤 것인지 이해할 만큼 통찰을 얻을 수는 없다. 그보다 더 필요한 것은 핀란드에서 교사가 되어보는 것, 즉 핀란드에게 직접 배우는 것이다. 교육개혁 부문에서 이 책의 저자 팀 워커가 특별한 메시지를 전달할 수 있는 이유는 바로 이 때문이다. 그의 글은 핀란드 학교의 섬세한 문화적 짜임새에 대한 보다 폭넓은 이해를 바탕으로 하며, 외국의 교육자는 물론 핀란드 교육자들에게도 새로운 깨달음을 준다.

나는 팀이 가족과 함께 보스턴에서 헬싱키로 이사한 직후에 그를 처음 만났다. 우리는 당시에 핀란드 학교가 전형적인 미국 학교와 어떻게 다른지 몇 차례 대화를 나눴다. 나는 그가 맡은 5학년 학급에 관한 이야기에 매료되었다. 팀은 레수종합학교(헬싱키의 공립학교로, 국제바칼로레아 프로그램도 운영하고 있으며, 나도 자주 방문해서 잘 아는 학교이다.)에서 가르치는 동안 핀란드 학교의 여러 가지 요소와 맞닥뜨렸는데, 그 내용을 아주 잘 다듬어 이 책에 소개했다. 핀란드 학교를 차별화시켜주는 이 중요하면서도 실질적인 요소들에 관해 책을 쓰려면 외부인의 관점이 필요하다.

나는 팀만큼 이런 일을 잘 해낼 수 있는 사람이 없다고 생각한다.

나는 『핀란드의 끝없는 도전: 그들은 왜 교육개혁을 멈추지 않는가(Finnish Lessons: What Can the World Learn from Educational Change in Finland)』의 개정판을 출간하기 직전, 책 뒤표지에 "경고: 자국에서 시도하지 마시오."라는 스티커를 붙여줄 수 있는지 출판사에 물은 적이 있다. 핀란드의 학교제도를 자신의 나라에서 어떻게 시행할 수 있는지를 묻는 정치인, 교육지도자, 교사들의 질문이 쇄도했기 때문이다. 출판사 측은 내 염려를 이해하면서도 스티커를 허락하지 않았다. 나는 교육제도를 한 곳에서 다른 곳으로 이식하는 일은 불가능하다고 생각한다. 교육제도는 식물이나 나무처럼 복잡한 문화적 유기체여서, 모국의 흙과 기후에서만 잘 자라날 수 있다. 이 책의 저자 팀 워커 역시 이 점을 분명히 밝히고 있다. 그 대신에 더 행복하고 즐거운 학교를 만드는 방법에 관한 몇 가지 실천적 조치들을 제시한다. 이 책에 나오는 아이디어들을 가지고 더 행복하고 즐거운 학교를 만들 수 있다면, 종국에는 핀란드처럼 가르칠 수 있게 될 것이다. 모쪼록 행운을 빈다. ■

들어가며

　　매사추세츠주 알링턴시에서 교직생활 첫해를 보내는 동안, 나는 빠르게 번아웃 상태로 치달았다. 매일 아침 6시 30분쯤 학교에 도착해 저녁 무렵 집으로 돌아가곤 했는데, 퇴근할 때는 교사용 지도서들을 가방 가득 챙겨갔다. 학교 밖에서는 학교 일을 생각하고 싶지 않았지만 그럴 수가 없었다. 아침식사를 하면서도 초조하게 수업지도안을 들여다봤고, 밤에 침대에 누워서는 내가 혹시 뭘 잘못하고 있는 건 아닌가 하는 걱정에 사로잡혔다. 하룻밤에 보통 네다섯 번 잠이 깨곤 했다. 너무도 긴장한 나머지 아침에 화장실로 달려가 토한 적도 있다.

　　그 첫해를 시작하기 전에 나는 열정이 넘쳤고, 이 일을 사랑하게 될 거라는 확신에 차 있었다. 하지만 개학한 지 한 달 만에 내가 이 일을 싫어한다는 걸 인정할 수밖에 없었다. 교사로서의 삶은 내게 기쁨을 주기는커녕 오히려 기쁨을 빼앗아갔다.

핀란드 사람인 아내 요한나는 내 걱정을 많이 했다. 속도를 늦추지 않으면 휴직해야 할지도 모른다고 경고했다. 나는 "그런 일은 절대 없어."라고 대답했다. 아내는 내가 왜 그렇게 쉴 새 없이 일하기를 고집하는지 모르겠다면서, 헬싱키에 사는 핀란드인 친구 이야기를 들려줬다. 나처럼 1학년 담당교사인 그 친구는 수업을 준비하는 한두 시간을 포함해 매일 여섯 시간 정도를 일할 뿐, 그 이상은 하지 않는다고 했다. 오후 2시경에 학교를 나서는데, 학교 일은 모두 교실에 남겨두고 나온다고 했다.

나는 아내가 친구의 업무량을 잘못 알고 있으리라고 생각했다. 만일 아내 말이 사실이라면, 그 친구는 좋은 교사일 리 없다고 생각했다. 나는 아내에게 좋은 교사라면 그렇게 일찍 퇴근하지 않는다고 말했다. 오히려 한계에 다다를 때까지 자신을 몰아붙여야 좋은 교사라고 설명했다.

"핀란드에서는 아니야."라고 요한나가 말했다.

아내는 핀란드에서 고등학교를 졸업한 후 헬싱키에서 몇 달간 임시교사로 일한 적이 있어서, 핀란드 교사의 생활을 엿볼 기회가 있었다. 핀란드 학교에서는 매 수업시간 사이사이에 15분의 휴식시간이 주어진다. 요한나의 경험에 따르면 교사들은 휴게실에서 커피를 마시거나 동료들과 한담을 나누거나 잡지를 뒤적이며 이 시간을 보냈다. 미국 교사인 내 경험에 비추어 보면 이런 이야기는 좀 황당하게 들렸다.

나는 매사추세츠주에 있는 학교에서 일할 당시, 유일한 휴식시간인 점심시간에도 쉬지 않고 일하는 경우가 많았다. 껍질 벗긴 바나나를 한 손에 들고 교실을 이리저리 오가다 한 입씩 베어 먹으며 오후수업을 준비하곤 했다.

내가 담임교사로서 첫해를 보내는 내내, 아내는 세상에는 다른 방법이 존재한다는 것을 납득시키려 최선을 다했다. 간신히 살아남는 수준이 아니라 성공적으로 잘 해내는 교사가 될 수 있다는 것이었다. 하지만 나는 그 말을 곧이듣지 않았다.

나를 비롯해서 미국 교사 대부분이 처한 현실은 핀란드 교사들의 현실과 너무 달랐다. 내게는 여전히 15분의 휴식시간이 주어지지 않았고, 요한나의 친구가 학교를 떠나는 오후 2시에 마지막 수업을 진행했다. 그리고 오후 3시, 1학년 아이들을 보내고 나면 산더미 같은 수업준비가 기다리고 있었다.

첫해에 보통 하루 12시간을 일하면서 내가 요한나의 친구보다 훨씬 나은 교사일 거라고 자부했다. 그러나 그해가 끝나갈 무렵 내가 몹시 모자란 교사라는 사실을 깨달았다. 일과 삶의 균형이 완전히 깨져서 몸에 이상이 생기기 시작했고, 스트레스와 불안이 가득했다. 무엇보다 심각한 것은, 가르치는 일이 더는 즐겁지 않고 만족감을 못 느끼는 내 상태가 학생들에게까지 전염되는 것 같다는 사실이었다. 그 어린아이들도 비참해 보일 때가 많았다.

그해에 한 베테랑 동료가 미국 교사 중 절반이 5년 안에 교직을 떠난다고 말해줬던 일이 기억난다. 이러다간 나도 조기 탈락자 중 하나가 될 것 같았다. 2학기가 시작된 지 한 달 정도가 지나자 불안감과 수면 부족이 심해져 더는 다음 날 학교수업을 준비할 수 없는 상태에 이르렀다. 책상에 앉아서 수업을 하기도 했는데, 그럴 때면 몇 분간 멍하니 수업지도안을 바라보곤 했다. 그러던 어느 날, 또다시 수업준비에 실패하고 소득 없이 집으로 돌아온 나는 늦은 오후, 주방 바닥에 그대로 쓰러졌다. 말도 못 하고 바닥에 누워 있는 내게 아내는 제발 좀 쉬라고 애원했다. 몇 주간 잠을 못 이뤘던 나는 결국 수화기를 집어 들고 휴직을 신청했다.

나는 교직을 떠나 다른 일자리를 찾고, 잠시 나쁜 꿈을 꾸었을 뿐이라고 생각할 마음의 준비가 되어 있었다. 그런데도 한편으로 혹시 아내가 옳았던 게 아닐까 하는 의구심이 들었다.

'교사로 일하면서 성장할 수 있다고? 미국 교실에서 그게 가능할까?'

그로부터 3년 후, 요한나와 나는 핀란드행을 결정했다. 미국 학교로부터 도망치기 위한 것은 아니었다. 오히려 나는 떠나고 싶지 않았다. 그 당혹스러웠던 첫해를 견뎌냈다는 데 감사하면서 여전히 같은 학교에서 가르치고 있었으니 말이다. 한 달간의 휴직 후, 나는 값진 경험과 도움을 얻었고, 시간이 지나면서 가르치는 즐거움을 조금씩 알아가기 시작했다. 비록 집에 돌아올 무렵에는 육체적으로나 정서적으로 완전히 지쳐 있었지만…….

헬싱키로 이사하기 바로 전 해에, 나는 전업으로 아이들을 가르치면서 대학원 과정을 이수했고 아르바이트를 서너 개씩 했다. 바라던 바와 달리 집에서 충분한 시간을 보낼 수 없는 상황이었고, 번아웃이 서서히 다시 시작되고 있었다. 핀란드행을 결정한 건, 아이들이 아직 어릴 때 조금 느리게 살아봤으면 하는 생각 때문이었다. (지금 내겐 5세 미만의 아이가 둘 있다.)

헬싱키에 정착하겠다는 계획을 밝히자, 당시 근무하던 학교의 교장 선생님은 내게 직업적으로 좋은 기회가 될 거라고 말씀하셨다. 나는 그 생각을 웃어넘겼다. 전혀 그렇지 않다고 느꼈기 때문이다. 당시 나는 균형 잡힌 삶을 살기 위해서라면 가르치는 일을 아예 그만둘 각오도 되어 있었다. 나는 취업을 할 수 있을지 어떨지 모르는 상태로 헬싱키행 편도 항공권을 샀다.

이주하기 한 달 전인 2013년 6월 하순까지도 나는 담임교사 자리를 찾지 못한 상태였다. 그러던 어느 날 아침, 헬싱키에 있는 한 교장 선생님으로부터 호기심을 끄는 이메일을 한 통 받았다. 3월에 핀란드 학교 몇 곳에 연락을 취했는데, 회신이 없어서 희망을 버린 상태였다. 그런데 6월 어느 날 아침, 헬싱키의 공립학교에서 5학년 학급을 대상으로 영어를 가르칠 수 있겠는지 인터뷰를 하자는 메시지가 와 있었다. 나는 너무 놀라 입이 다물어지지 않았다.

그 주 후반, 헬싱키의 공립학교 교장 선생님과 스카이프(skype)로 화상 인터뷰를 진행했다. 대화가 끝날 무렵, 그는 채용 의사를 밝혔다. 나는 날아갈 듯이 기뻤고, 감사한 마음으로 제안을 받아들였다. 하지만 다음 순간 걱정이 되기 시작했다. '나는 정확히 어떤 일을 하게 되는 걸까?'

나는 많은 미국인이 그렇듯 핀란드 교육이 일류라고 들었다.

그런데 현장에서 그것은 무슨 의미일까? 요한나가 핀란드 학교에 대해 조금 이야기해준 적은 있었다. 일과시간이 짧고 매시간 15분 씩 휴식시간이 있다는 정도였다. 그리고 한 교육 다큐멘터리를 보고 핀란드의 15세 학생들이 PISA라는 국제평가에서 꾸준히 우수한 성적을 낸다는 것도 알고 있었다. 이 시험은 읽기, 수학, 과학 분야에서 비판적 사고능력을 측정한다고 했다. 하지만 헬싱키에서 5학년 학생을 가르치기로 했던 당시 나는 핀란드 교육에 대해 아는 바가 거의 없었다.

여하튼 그렇게 나는 2년간 핀란드 학교를 내부에서 들여다볼 수 있는 여정에 올랐다. 목적지가 불확실했기에, 적응하려면 고생 좀 하겠구나 싶었다. 하지만 고생을 하더라도 미국의 동료교사들이 예상하는 고생은 아닐 거라는 게 솔직한 생각이었다.

일반적으로 다른 나라로 이주하는 사람은 낯선 곳에서 갈 길을 잃은 것과 같은 문화충격을 경험한다. 하지만 내 경우에는 아내가 핀란드 사람이고 이사 전에 십여 차례 핀란드를 방문한 경험이 있어서 엄청난 문화충격은 피할 수 있었다. 단, 직장에서만큼은 예외였다.

헬싱키 학교는 그야말로 낯선 땅처럼 느껴졌다. 그곳에서 나는 따라야 할 새로운 기대치와 규칙을 찾았다. 그리고 달라진 맥락 속에서 미국 학교에서 터득한 이른바 '모범 사례'에 대해 다시 생각해보게 되었다. 헬싱키에 머무는 2년 동안 나는 핀란드의 수업 현장을 가까이서 연구할 기회를 많이 얻었다. 동료들의 수업을

100시간 이상 관찰했고, 두 명의 핀란드인 동료교사의 감독도 받았다. 이 모든 것이 내가 초등교육 관련 석사학위를 준비하는 데 큰 도움이 되었다.

헬싱키 학교에서 목격한 교육방법을 핀란드의 다른 교사들도 사용하는지 궁금했던 나는 이 책을 쓰는 동안 핀란드 곳곳의 여러 학교를 방문했다. 또 유치원, 초등학교, 중등학교에 근무하는 핀란드인 교사들을 대상으로 인터뷰도 진행했다. 그런 과정을 통해 헬싱키에서 목격한 많은 교육방법이 핀란드 전역에서 사용되고 있음을 알게 되었다.

내가 발견한 전략들은 일대일 아이패드(iPad) 수업처럼 현란하지도 않았고, "그냥 학생들을 믿으세요!"라는 말처럼 이상주의적이거나 추상적이지도 않았다. 교수법은 어느 교실에서나 도움이 될 정도로 단순하고 효과적이었다. 무엇보다 이들 교수전략 대부분은 실행에 옮겼을 때 교실에 즐거움을 가져다줬다. 핀란드 방식을 미국과 같이 다른 교육 상황에 적용한다면 약간의 수정이 필요하겠지만, '핀란드에서만' 통하는 방식이 아닌 것은 확실했다.

가령, 내가 이 책에서 제안하는 전략 중 하나인 '수업은 45분, 휴식은 15분'의 경우를 생각해보자. 교육정책의 변화 없이 미국 교사들이 핀란드식으로 15분간 자유롭게 노는 휴식시간을 도입하기는 어려울 것이다. 하지만 학생들에게 하루 중 짤막짤막한 '선택의 시간(choice time)'을 줘서 머리를 식히고 수업에 집중하도록 하면 핀란드식 교육법을 어렵지 않게 시도해볼 수 있다.

서문에서 파시 살베리가 밝힌 것처럼, 핀란드 교육과 미국 교육은 제도적으로 분명한 차이가 있다. 하지만 나는 이 책에서 핀란드의 접근법에서 영감을 받아 미국 교실에서 긍정적인 변화를 끌어내기 위해 당장 할 수 있는 일을 살펴보고자 했다.

2001년에 첫 번째 PISA 결과가 발표되었을 때, 핀란드는 자국이 1위에 오른 것에 깜짝 놀랐다. 일과시간이 짧고, 숙제가 부담스럽지 않으며, 표준화시험이 거의 없는 좀 더 느긋하고 유연한 접근법은 우수한 학습성과를 얻는 방법에 관한 일반적인 통념을 완전히 뒤집었다. 이 자그마한 북유럽 국가는 미국을 비롯한 세계 각국에 교육과정을 축소하거나 교사와 학생들에게 스트레스를 주지 않고도 학교를 잘 이끌어갈 수 있는 방법이 있음을 시사했다. 그 색다른 교육방법은 정책 차원에서도 드러나지만, 아주 작은 단위인 핀란드 교실에서도 관찰할 수 있다.

핀란드 교사들이 미국 교사들에게 혁신적인 교수전략으로 영감을 주지는 못할 것이다. 핀란드의 여러 혁신적인 교수법 중 다수가 북미를 비롯한 다른 지역으로부터 채택된 것이기 때문이다 (Sahlberg, 2015). 그러나 내 경험에 비추어 보면, 우리가 핀란드 교사들로부터 배울 수 있는 것은 행복을 성취보다 더 가치 있게 여기는 태도이다. 핀란드 교사들은 즐거운 교수학습을 촉진하기 위해 자잘하고 단순한 결정들을 내리는데, 수많은 PISA 시험 결과가 보여주듯이 결국 이 방법으로 학생들은 좋은 성적을 내고 있다.

많은 미국 교사들처럼 나도 더그 레모브(Doug Lemov)의 『최고의 교사는 어떻게 가르치는가 2.0(Teach Like a Champion 2.0)』(2015)을 읽었고, 여러 가지 유익한 수업전략을 배웠다. 그런데 그중에는 나를 어리둥절하게 만드는 전략도 있었다. 바로 '즐거움(Joy)'이라는 전략이었다. 레모브에 따르면, 교실에서 즐거움은 교사가 성취도를 높이기 위해 활용할 수 있는 도구이다.

물론 즐거운 순간이 그 자체로 목표는 아니다. 교실에서 즐거움이라는 요소는 '하인'이 되어야 한다. 다시 말해 그날의 목표를 뒷받침해야 한다는 뜻이다. 또, 빨리 불러왔다 빨리 쫓아낼 수 있어야 한다(p.442).

레모브는 즐거움을 하나의 전략으로 보는 것 같지만, 나는 핀란드식 교육 접근법에 영감을 받아 즐거움(혹은 행복)을 교실에서 가장 중요한 목표로 우선시할 것을 제안한다. 행복이란 '긍정적인 감정 상태가 고조된 것'으로 이해할 수 있으며, 교수학습을 옆길로 빠지게 하는 요인이 아니라 오히려 효과적인 수업을 가능하게 하고 사회지능(social intelligence)과 정서지능(emotional intelligence)을 강화하는 역할을 한다(Seppälä, 2016, p.8). 교실에서 행복을 우선시한다는 것이 몹시 추상적으로 여겨질 수도 있다. 하지만 이렇게 한번 생각해보자. 잠을 푹 자고 싶을 때 우리는 취침 전에 운동을 하거나 휴대전화를 끄는 등 여러 가지 조치를 동원함으로써 숙면을 우선시한다(Raghunathan, 2016). 마찬가지로 다양한 전략을 사용해 교실에서 즐거움을 최우선으로 할 수 있다.

나는 핀란드에서 일하고 생활하는 동안 교수학습의 즐거움을 높이기 위해 교사들이 동원할 수 있는 몇 가지 조치를 찾아냈다. 『왜 똑똑한 사람들은 행복하지 않을까?(If You're So Smart, Why Aren't You Happy?)』(2016)의 저자 라즈 라후나탄(Raj Raghunathan)은 기본적인 의식주가 해결된 이후 우리가 행복해지는 데 필요한 4가지 요소를 소속감(belonging), 자율성(autonomy), 숙달(mastery), 사고관점(mindset)이라고 보았다(Pinsker, 2016). 나는 여기에 한 가지를 더해 웰빙(well-being, 신체적·정신적·심리적 건강 및 안전과 행복을 의미함–옮긴이)이야말로 나머지 4가지 요소들을 개발하기 위한 기반이라고 생각한다. 지금부터 이 5가지 요소를 염두에 두고 즐거운 교실을 만들기 위한 33가지 처방을 소개하도록 하겠다. ■

Well-Being

웰빙을 위한
수업 테라피

우리는 7월 하순에 헬싱키로 이주했다. 학교가 시작하기 전까지 보름 남짓한 시간 동안, 나는 저녁에 몇 차례 이 새로운 도시를 산책했다. 그런데 공원마다 낯선 풍경이 눈에 띄었다. 수십 명의 현지 주민들이 딱히 하는 일도 없이 담요를 깔고 앉아서 와인을 마시고 잡담을 나누고 있었다. 서두르는 기색은 전혀 없었다. 그저 친한 친구들과 따뜻하고 화창한 저녁을 즐길 뿐이었다.

핀란드인의 생활은 내가 미국에서 경험한 삶의 속도에 비해 훨씬 느린 것 같았다. 활력 넘치는 보스턴에서 온 내게 헬싱키의 여유로운 분위기는 처음에는 매력적으로 다가왔다. 하지만 인생을 이런 식으로 사는 데 대해 의구심이 들기도 했다. 몇 시간이고 담요 위에서 뒹굴기만 하면서 저 사람들이 얻는 것은 도대체 뭘까 의아했다.

교직 첫해에 몸과 마음을 그렇게 혹사했으면서도, 나는 나의 가치를 생산성으로 인정받아야 한다는 생각을 버리지 못하고 있었다. 헬싱키로 이주한 뒤에도 마찬가지였다. 보스턴에서 내 멘토교사였던 분은 이렇게 말했다. "팀, '인간'을 뜻하는 영어단어는 '휴먼 두잉(human doing)'이 아니라 '휴먼 비잉(human being)'이야. 무언가를 하기 때문이 아니라 그저 존재하는 것(being)만으로 의미가 있는 게 인간이라고!" 핀란드에 와서도 나는 누군가에게서 그런 말을 들어야 하는 상태였다.

이 자그마한 북유럽 국가의 여유로움은 나를 조금씩 물들여갔다. 헬싱키에서 가르치는 일을 시작하고 나서 처음 몇 주 동안, 나는 일부러 방과 후에 일을 덜 하려고 노력했다. 오후 늦게 집에 돌아오면 학교 일은 가방에 내버려 둔 채 한 살배기 아이와 놀아주고 아내와 시간을 보내는 데 집중했다. 물론 처음에는 어색했다.

나는 전보다는 존재 자체로 의미 있는 인간이 되어가기 시작했지만, 학교에서는 이야기가 달랐다. 교사로서 해야 할 일에 대해 지금까지와 다른 접근법을 취할 준비가 되어 있지 않았는데, 핀란드인 동료들도 이 점을 눈치채고 있었다.

아내가 말했던 것처럼 헬싱키 학교에는 매일 여러 차례에 걸쳐 15분씩 휴식시간이 있었다. 교실 밖에 있는 저학년 아이들과 교실에 있는 고학년 아이들을 교대로 감독하는 교사들을 제외하면, 동료 대다수가 교사 휴게실에서 휴식시간을 보냈다. 하지만 나는 3주가 지나도록 휴게실에 머무는 시간이 채 2분도 되지 않았다. 재빨리 휴게실에 들러서 내 앞으로 온 우편물을 챙긴 후 교실로 직행할 뿐이었다.

휴게실에 들어선 그 짧은 순간에 나는 헬싱키 시내의 공원에서 본 것과 비슷한 광경을 봤다. 많은 교사가 커피를 홀짝이거나 신문을 뒤적이거나 느긋하게 한담을 나누고 있었다. 휴게실 앞을 지나갈 때는 떠들썩한 웃음소리가 자주 들렸다. 나는 교사들이 너무 게으름 피우는 게 아닌가 생각하기 시작했다.

9월이 되자 핀란드인 교사 세 사람이 교사 휴게실에서 나를 본 적이 없다면서 혹시 내가 번아웃 상태에 이르지 않을까 걱정이 된다고 말했다. 나는 15분 휴식시간을 교실에서 보내면서 수업과 관련한 여러 가지 일들을 열심히 하고 있다고 대답했다. 그러자 그들은 내게 일과를 바꿔보라고 제안했다.

처음에는 그냥 웃어넘겼다. 나는 번아웃이 무엇인지 잘 알고 있으며, 문제없이 잘 지내고 있다며 안심시켰다. 하지만 그들은 확고했다. 하루 동안 잠깐잠깐 쉬는 게 얼마나 중요한 일인지를 꽤 진지하게 설명했다. 한 동료는 자신에게는 매일 몇 분씩 휴게실에서 다른 교사들과 함께 느긋하게 보내는 그 시간이 꼭 '필요'하다고 했다. 그 시간 덕분에 더 나은 교사가 될 수 있다는 주장이었다.

그때 나는 핀란드인 동료들 다수가 쉬지 않고 일하는 내 모습을 바람직하지 않다고 보는 것 같아 매우 혼란스러웠다. 비록 짧은 시간이지만 나는 나의 안위를 희생하면서 일하고 있었다. 내가 생각하는 좋은 교사란 몇 시간밖에 못 자고 점심을 거르더라도 수업준비에 시간을 더 할애하고, 동료들과 어울릴 시간 없이 열심히 일하는 사람이었다. 내가 미국에서 가장 존경했던 교사들 대부분은 나처럼 열정적이지만 다른 한편으로는 번아웃 직전에 있는 것처럼 보이는 사람들이었다. 하지만 헬싱키에서는 점심시간 동안 일을 하거나 온종일 교실에 처박혀 지내는 동료들을 보지 못했다. 그들에게는 미국 교사들과 달리 스트레스가 없어 보였다. 학생들도 마찬가지였다.

나는 미국이 이 작은 북유럽 국가에서 교훈을 얻을 수 없는 주된 이유가 문화적 차이 때문이라고 지적하는 핀란드 교육모델 비

평가들의 이야기를 들은 적이 있다. 하지만 나는 바로 이 지점이 우리가 핀란드 학교로부터 배울 수 있는 점이라고 생각한다. 궁극적으로 성공을 좇는 것(혹은 '최고가 되는 것')이 인생에서 가장 중요하다고 생각하는 미국인의 문화적 우선순위가 오히려 행복을 크게 훼손하고, 결과적으로는 아이들의 행복을 크게 훼손하고 있으니 말이다.

미국 아이들을 성공가도로 내모는 일은 많은 경우 아기 때부터 시작된다. 이런 현상은 특히 부유층에서 뚜렷하게 나타난다. 부모는 플래시카드와 교육용 게임을 사들이고, 이제 막 걸음마를 뗀 아이를 한 해에 3만 달러 이상이 드는 어린이집에 보내 미리부터 학업적 우위를 점하게 한다. 미국의 많은 부모가 아이의 유치원 입학을 일부러 미루기도 한다. 입학 시기를 미루면 다른 아이들보다 나이 면에서도, 발달 면에서도 앞서게 되어 더 나은 학업 성취를 이룰 수 있다고 생각하기 때문이다. 중학생 자녀를 둔 부모들은 "우등생을 둔 자랑스러운 부모"라는 스티커를 자동차에 붙이고 다닌다. 명문 대학에 진학하려면 이력서를 가득 채워 넣어야 한다는 이야기를 듣는 고등학생들은 높은 성적을 유지하고, 과외활동을 열심히 하며, AP(Advanced Placement, 대학과목 선이수제-옮긴이)과목을 수강하고, SAT(Scholastic Aptitude Test, 미국의 대학입학 자격시험-옮긴이) 개인과외를 받는 등 무리를 한다. 학교에서 뛰어난 학생이 되어야 한다는 압박은 전국 어디에나 있지만, 그 정도는 조금씩 다르다. 캘리포니아주 팔로알토(Palo Alto) 같은 지역에서는 고등학생들의 자살률이 깜짝 놀랄 만큼 높다.

스탠퍼드대학교 연구원이자 『해피니스 트랙(The Happiness Track)』(2016)의 저자인 에마 세팔라(Emma Seppälä)는 프랑스 파리에 있는 한 대형 신문사에서 인턴으로 일하던 젊은 시절의 경험에 대해 회상한다. 세팔라는 이른 아침 시간에 2층과 지하층을 오가면서 자료나 서류를 전달하는 일을 했다. 2층에는 많은 미국인 기자와 편집자가 칸막이가 쳐진 비좁은 공간에 앉아 있었고, 지하에서는 프랑스인 노동자들이 신문을 인쇄했다.

> 2층은 언제나 긴장감이 가득했다. 컴퓨터 키보드를 두드리는 소리와 프린터에서 출력물이 나오는 소리를 빼면 거의 항상 조용했다. 대부분 과체중에다 눈 밑에 다크서클이 있는 기자와 편집자들은 각자 모니터 앞에서 몸을 웅크리고 앉아 일했고, 피자를 먹을 때도 자기 자리에 앉아 먹었다. 하지만 지하에 있는 인쇄실은 활기가 넘쳤다. 누구나 먹을 수 있도록 커다란 테이블에 프랑스 와인과 치즈, 빵이 준비되어 있었다. …… 나도 이렇게 신나는 분위기에서 일할 수 있다면 얼마나 좋을까 하는 생각이 들었다.

신문사의 2층과 지하에 있는 두 그룹의 사람들을 보면서 나는 생각했다. 기자, 편집자, 작가, 인쇄 기사 모두 새벽까지 신문을 완성하기 위해 밤새워 일하는 사람들이었다. 두 그룹은 맡은 업무가 서로 다르고 출신이나 학력도 달랐지만, 공동의 목표를 완수하기 위해 노력하고 있었다. …… 온갖 어려움과 스트레스에도 두 그룹 모두 날마다 분주하게 맡은 임무를 훌륭하게 해냈다. 하지만 그걸 해내는 과정은 완전히 달랐다. 한 그룹은 스트레스에 짓눌려 녹초가 된 데다 표정도 칙칙했고, 다른 한 그룹은 활기와 에너지가 넘치고 행복한 표정이었다 (p.1).

이 글을 읽었을 때 곧바로 떠오른 생각은 세팔라가 묘사한 신문사 2층의 모습이 내가 미국 학교에서 겪은 것과 아주 비슷하고, 지하 인쇄실의 모습은 내가 핀란드 학교에서 겪은 것과 유사하다는 점이었다. 신문사 2층의 미국인 기자들과 지하의 프랑스인 노동자들처럼, 미국과 핀란드의 교사들은 비슷한 목표를 놓고 일하고 있다. 아이들이 매시간, 매일, 매년 배우도록 하는 것이 바로 그 목표다. 그러나 그 목표에 도달하는 과정은 두 나라가 확연히 달랐다. 한 곳은 더 빠르게, 더 열심히, 더 많은 것을 달성하는 데 초점을 맞추는 반면, 다른 한 곳은 더 느리게, 더 부드럽게, 더 행복하게 사는 데 집중하는 것처럼 보였다.

세팔라는 "수많은 연구결과는 행복이 성공의 '결과물'이 아니라 '선행물'이라는 사실을 보여준다. 즉, 진정 성공한 삶을 살고 싶다면 우리는 지하에서 일하는 프랑스 인쇄 기사들의 모습에 좀 더 가까워져야 한다."라고 썼다(p. 7).

행복을 경험하려면 우선 기본적인 욕구가 충족되어야 한다.

즉 적당한 수면, 음식, 물, 의복, 잠자리는 교사와 교실 안 학생들에게 갖춰져야 할 선행조건이다. 미국과 핀란드 같은 선진국의 경우, 교사가 기본적인 욕구가 충족되지 않은 채로 학교에 오는 학생들을 돌볼 일이 많지 않다고 생각할 수 있다. 하지만 미국 아동빈곤센터(National Center for Children in Poverty, 2016)에 따르면 미국 전체 인구의 약 22퍼센트에 해당하는 1,600만 이상의 아이들이 연방정부가 정한 빈곤 수준 이하의 가정에서 살아가고 있다. 그리고 안타깝게도 학령기 미국 아동의 상당수가 끼니를 거르고, 심지어 노숙까지 경험하는 게 사실이다. 아이들이 기본적인 욕구도 충족되지 않은 채로 교실에 들어오는 상황은 우리에게 특별한 어려움을 안겨주지만, 내가 이 문제에 대해 조언할 입장은 아니다. 하지만 핀란드 학교에서 배운 여러 전략을 소개해 교사와 학생들의 육체적, 정서적, 정신적 건강 증진에 도움을 줄 수는 있다. 이런 간단한 조치들은 궁극적으로 교수학습의 질을 높이고, 교실을 더욱 즐거운 곳으로 만들어줄 것이다.

01

수업은 45분, 휴식은 15분
규칙적인 휴식시간이 자발성과 창의성을 높인다

5학년 학생인 사미는 좀비처럼 느릿느릿 다가와서 말했다. "저 폭발할 것 같아요! 이런 시간표에 익숙하지가 않다고요." 나는 아이의 말을 믿을 수밖에 없었다. 사미의 이마에는 울긋불긋한 반점이 성난 듯 돋아나 있었다.

'이런! 핀란드에서의 교직 첫해를 이런 식으로 시작하다니.' 학교가 시작된 지 사흘밖에 되지 않았는데, 나는 벌써 한 학생을 극한으로 몰아가는 중이었다. 그 학생과 따로 이야기해보니, 힘들어하는 이유를 금세 알 수 있었다.

첫 주 동안 나는 5학년 수업시간표를 가지고 창의성을 한껏 발휘했다. 기억하다시피 핀란드 학생들은 보통 45분 수업 후 15분간 휴식을 취한다. 이 휴식시간에 아이들은 보통 밖에 나가 놀면서 친구들과 어울린다.

나는 이렇게 자주 휴식시간을 갖는 것은 의미가 없다고 봤다.

미국에서는 보통 두 시간 연속으로 수업을 하곤 했다. 나는 이 모델을 핀란드에서도 그대로 되풀이하려고 했다. 핀란드 방식은 너무 유약해 보였고, 수업시간이 길어야 아이들이 더 많이 배울 거라고 확신했다. 그래서 정기적으로 예정되어 있는 휴식시간을 없애고, 45분짜리 수업을 두 차례 연이어 한 다음 30분간 휴식시간을 갖도록 했다. 사미의 이마에 붉은 반점이 돋아난 이유는 다른 게 아니었다.

가만히 생각해보니 미국식 접근법이 실제로 효과적이라고 말할 자신이 없었다. 미국 학생들도 교실에서 45분쯤 지나면 몸을 배배 꼬곤 했다. 하지만 미국 학생들은 개학 후 사흘 만에 완강하게 자기주장을 펼치는 이 핀란드 5학년 꼬마처럼 반발할 생각은 하지 못했다. 그 순간, 나는 15분마다 휴식을 취하는 핀란드 모델을 받아들이기로 했다.

시간표에 이 짧은 휴식시간을 집어넣고 나자, 교실에서 좀비처럼 미적거리는 아이들을 더는 볼 수 없었다. 한 학년 내내 나의 핀란드 학생들은 15분의 휴식이 끝나면 언제나 발걸음 가볍게 교실에 들어오곤 했다. 그리고 무엇보다 중요한 것은 아이들의 수업 집중력이 높아졌다는 사실이었다.

처음에는 내가 아주 획기적인 발견을 했노라고 자신했다. 휴식시간을 자주 주면 학생들이 온종일 쌩쌩할 수 있구나! 하지만 곧 핀란드 사람들은 이미 오래전부터 이걸 알고 있었다는 사실을 깨달았다. 핀란드에서는 1960년대부터 학생들에게 휴식시간을 주지 않았던가!

핀란드식 교육의 가치를 이해하고 싶어서 자료를 찾아보던 중, 미네소타대학교 교육심리학과 명예교수로서 『Recess: Its Role in Education and Development(휴식시간: 교육과 발달에서의 역할)』이라는 책을 쓴 앤서니 펠레그리니(Anthony Pellegrini)의 연구결과를 우연히 알게 되었다. 그는 이미 십 년이 넘도록 이 접근법을 높이 평가해온 사람이었다. 동아시아에서는 많은 초등학교가 45분 수업 후 10분간의 휴식시간을 주는데, 펠레그리니는 그곳에서 내가 핀란드 학교에서 목격한 것과 똑같은 현상을 관찰하게 되었다. 학생들이 짧은 휴식시간 후에 수업에 더 집중하는 모습을 보였다는 것이다.

일화적인 증거에 만족하지 않고 펠레그리니와 동료들은 미국의 한 공립 초등학교에서 일련의 실험을 시행해 휴식시간과 교실에서의 집중력 간의 관계를 탐구했다. 모든 실험에서 학생들은 휴식시간 전보다 휴식시간 후에 더 집중을 잘했다. 또한 휴식을 취해야 할 시점이 지연되면, 다시 말해 수업이 길어지면 아이들의 집중도가 떨어진다는 사실도 발견했다(Pellegrini, 2005).

핀란드의 초등학교 교사들은 이것을 본능적으로 알고 있는 것 같다. 그들은 날씨가 어떻든 아이들을 밖으로 내보내서 휴식을 취하게 한다. 그리고 아이들은 휴식시간을 어떻게 보낼지 스스로 결정한다.

나 역시 핀란드식 모델을 선호하지만, 학교 입장에서 매시간 5

학년 아이들을 운동장에 풀어놓기란 쉬운 일이 아니다. 펠레그리니에 따르면 휴식시간을 꼭 야외에서 보내야 하는 건 아니다. 공립 초등학교에서 실시한 한 실험에서는 아이들이 실내에서 휴식시간을 보냈는데, 바깥에서 휴식을 취한 다른 실험 결과와 마찬가지로 휴식시간 후 학생들의 수업집중도가 더 높았다(Pellegrini, 2005).

당혹스러워하는 5학년 아이 덕분에 나는 휴식시간을 학습을 극대화하기 위한 전략으로 보기 시작했다. 그러자 교실 수업을 짧게 하는 데 대한 죄책감이 사라졌다. 펠레그리니의 연구결과는 휴식을 자주 취하면 수업집중도가 높아진다는 사실을 확인해준다. 이 점을 기억한다면 이제 하루 중 몇 차례씩 학생들이 공부를 손에서 놓더라도 배워야 할 내용을 배우지 못할까 봐 염려할 필요가 없다.

*   *   *

내가 헬싱키에 도착하기 전해에 미국의 연구자이자 신체운동학자(kinesiologist)인 데비 레아(Debbie Rhea) 역시 핀란드 학교를 여러 번 방문했고, 15분간의 휴식을 자주 갖는 방식에 고무되었다. 미국으로 돌아간 그는 하루 중 여러 번 휴식을 취하는 핀란드식 시간표가 학습에 미치는 긍정적인 영향을 평가하기 위한 연구를 추진했다(Turner, 2013).

오늘날 레아의 연구 프로젝트는 몇몇 주에 있는 소수의 학교에서 활발히 진행 중인데, 지금까지 나온 결과는 희망적이다. 텍사스주 포트워스시의 이글마운틴초등학교 교사들은 매일 4차례 15분간의 휴식시간을 가진 학생들에게서 집중력이 더 높아지고 잡담이 줄어드는 등 엄청난 변화가 나타났다고 보고했다. 1학년 교사 한 명은 학생들이 이제 더는 연필을 물어뜯지 않는다는 사실까지 알아차렸다(Connelly, 2016).

레아의 연구결과가 흥미진진해서인지, 미국 학교에 더 많은 휴식시간을 도입하자는 데 대해 국가적인 관심이 높아지고 있다. 그런데 미국의 교육 사조는 변하고 있는지 몰라도, 미국의 많은 교사와 학생들에게는 핀란드 모델을 흉내낼 수 있는 자유가 주어지지 않는다. 다행스러운 점은, 반드시 핀란드식으로 수업하지 않더라도 매일 여러 번 휴식시간을 가짐으로써 어느 교실에서든 그 효과를 볼 수 있다는 사실이다.

처음에 나는 핀란드식 휴식이 주는 진정한 가치가 '자유로운 놀이'에 있다고 생각했다. 그러나 지금은 그렇게 보지 않는다. 핀란드식 휴식의 근본적인 장점은 아이들의 뇌에 새로운 활력을 줌으로써 집중력을 계속 유지하도록 하는 데 있다. 맥길대학교의 심리학·행동신경과학·음악학 교수인 대니얼 레비틴(Daniel Levitin)은 일정한 휴식을 통해 뇌가 쉴 수 있는 시간을 주면 생산성과 창의성이 높아진다고 믿는다. 그는 교육 블로그 〈마인드시프트(MindShift)〉와의 인터뷰에서 "들어온 모든 정보를 뇌가 통합·정리할 수 있도록 시간을 줘야 한다."라고 말했다(Schwartz, 2014). 그러나 정해진 휴식시간이 없더라도, 우리의 정신은 공상 (daydreaming)하면서 자연스럽게 휴식을 취한다. 레비틴은 "그 덕분에 주의집중을 하는 동안 얽매여 있던 모든 신경회로를 새롭게 전환하고 긴장을 풀어줄 수 있다."면서 "아이들은 지나치게 꽉 짜인 시간표에 따라 생활해서는 안 된다. 자발성과 창의성을 높일 수 있는 시간이 일정량 있어야 한다."라고 했다(Schwartz, 2014).

뒤에서 설명하겠지만 뇌에 휴식을 주는 방법은 여러 가지가 있다. 하지만 기억해야 할 가장 중요한 사실은 휴식이 정기적으로 이루어져야 도움이 된다는 점이다. 즉, 하루 중 여러 번 휴식시간을 배치하는 것이 좋다. 많은 핀란드 교사들처럼 45분간의 교실수업 후 학생 전체에게 휴식시간을 주는 방법을 생각해보는 것도 좋은 출발점이다. 그러나 학생에 따라서는 45분이 너무 길다고 느낄 수도 있다. 따라서 학생들을 자세히 관찰하는 것이 중요하다. 만약 학생들이 45분 수업을 마치기 전부터 미적거린다면 즉시 휴식시간을 주는 편이 나을 것이다.

저널리스트인 브리짓 슐트(Brigid Schulte)는 저서 『타임 푸어(Overwhelmed)』(2014)에서 과로의 문제, 일과 삶의 건강한 균형을 유지하는 데 따르는 고충을 깊이 있게 다룬다. 이 책에서 슐트는 행복감을 높이기 위한 다양한 전략을 제시한다. 그가 애용하는 방법 중 하나는 이른바 '리듬 타면서 일하기(pulsing)'로, 일과 휴식을 번갈아 하는 것이다. 여기에는 모든 시간을 일하는 데만 사용하면 일과 휴식을 교대로 할 때 건강하게 유지되는 몸의 자연스러운 리듬이 깨진다는 생각이 깔려 있다.

리듬 타면서 일하기는 상황에 따라 다른 형태로 실천할 수 있다. 슐트는 마치 핀란드 학교에서 하듯, 일과시간 중 규칙적으로 휴식을 취하는 것이 중요하다고 강조한다. 기자로서 업무를 할 때 슐트는 하루에 몇 차례씩 90분 동안 집중해서 글을 쓰는데, 그 시간 동안에는 전화와 이메일을 받지 않는다(Schulte, 2014).

리듬 타면서 일하기를 교실에 도입하면 어떤 모습일까? 긴 수업시간 사이사이에 학생들에게 예상 가능한 휴식을 주는 것처럼 간단할 수도 있다. 이런 휴식시간이 꼭 핀란드에서처럼 자유롭게 노는 시간일 필요는 없다. 하루에 여러 차례 '선택의 시간'을 주고, 10분간 자유롭게 책 읽기, 자유롭게 글쓰기, 재미있는 수학게임 하기 등 다양한 활동을 선택할 수 있게 하면 된다.

이 '선택의 시간'에는 세 가지 요소가 갖춰져야 한다. 높은 강도의 즐거움, 독립성, 그리고 새로움이다. 모두 10분간 조용히 책을 읽으라고 강권하는 것은 휴식이 아니다. 특히 학생들이 바로 앞 시간에 읽기수업을 했다면 더욱 그렇다. 하지만 읽기수업 후에 모두가 즐길 수 있는 몇 가지 흥미로운 활동을 제시한다면 아이들의 기분전환에 도움이 되고, 무엇이 됐든 다음 수업을 위한 훌륭한 다리 역할을 할 수 있다.

이렇게 중간중간 휴식시간을 마련해두는 것은 교사와 학생들이 연달아 여러 시간을 함께 보내는 초등학교 교실의 경우 특히 중요하다. 중고등학교 교사들의 경우에는 휴식시간을 정해두는 것이 그 정도로 중요하지 않을 수도 있다. 중고등학교에서는 학생들이 과목별로 교실을 찾아가서 수업을 듣게 되어 있어서 수업 사이사이에 몇 분간의 자유시간이 있기 때문이다. (중등학교 교사에게 큰 도움이 될 만한 방법은 수업 시작이나 종료 시에 하는 명상 훈련이다. 07 '마음챙김' 참조.)

어떤 학생들은 또래 아이들보다 더 자주 휴식이 필요하다. 이런 학생들을 배려하는 한 가지 방법은 교실 한쪽에 휴식을 취할 수 있는 공간을 마련해두는 것이다. 어맨다 모레노(Amanda Moreno)라는 연구자는 일명 '평온의 공간(calm spot)'의 가치에 주목했다. 교실에 '평온의 공간'을 마련해두었더니 하루에도 몇 번씩 짜증을 부리던 학생들이 전혀 그러지 않게 되었다고 보고한 교사들이 있다(Deruy, 2016).

무엇을 왜 하려고 하는지 학생들과 함께 이야기를 나누는 것도 좋다. 학교 일과 중에 예측 가능한 휴식시간을 넣어서 학습을 도우려고 하니, '선택의 시간'에 포함시킬 만한 새롭고 즐거우며 독립적인 활동 아이디어를 내달라고 말하는 것이다. 그러면 학생들의 자발적인 학습을 촉진할 뿐 아니라 소중한 통찰을 끌어낼 가능성도 높아진다.

02

움직이는 학교
수업 중에 몸을 움직일 수 있는 활동을 포함시켜라

"잠시 이야기 좀 할 수 있을까요?" 매사추세츠주 알링턴 시에서 눈썰미 좋은 나의 멘토교사가 점심시간에 나를 불러냈다. 얼굴에는 특유의 미소가 사라지고 없었다. "팀 선생님, 제가 지금 하려는 말에 마음 상하지는 말아요. 그런데 제가 선생님 교실을 살짝 들여다볼 때마다 선생님은 1학년 아이들과 카펫 위에 앉아 계시더군요." 이 지적이 따끔하게 들린 건 엉뚱한 소리라서가 아니라 나도 사실임을 알기 때문이었다.

나는 어린 학생들을 30분 정도 카펫 위에 가만히 앉혀두고 수업을 하는 습관이 있었다. 하지만 이 방법은 아이들에게 별로 효과가 없는 것이 분명했다. 이제 일어나 각자 할 일을 하러 가라고 이야기할 무렵이 되면 아이들은 짜증스러워했고, 바닥에 들러붙다시피 한 몇몇 아이들을 억지로 일으켜 세우는 게 일이었다.

도저히 안 되겠다 싶어서 구식 스톱워치를 들고 어떻게든 모든 설명을 15분 내에 끝내려고 애썼다. 결과는 고무적이었다. 일방적으로 설명하는 수업을 짧게 끝냈더니 아이들은 이 활동에서 저 활동으로 전환할 때 좀 더 빠르게 움직이고, 각자 책상에서 더 효율적으로 작업했다. 하지만 머지않아 분명한 문제를 또 하나 발견했다. 학생들이 모든 수업활동을 거의 100퍼센트 자리에 앉은 채로 하고 있다는 사실이었다. 이런 방식이 문제라는 건 알았지만, 왜 문제인지는 나중에야 알게 되었다.

나는 미국에서 다른 학교를 방문할 때마다 똑같은 광경을 목격하곤 했다. 미국 학생들은 수업시간 대부분을 자리에 앉아 보낸다. 그뿐 아니라 온종일 활발한 활동이 거의 없다. 수많은 아이가 신체활동이 주는 풍부한 장점을 놓치고 있다는 뜻이다. 연구결과에 따르면 신체활동은 비만을 방지하고, 심혈관계 질환의 위험을 낮추며, 인지기능(기억력과 주의력)을 개선하고, 정신건강에도 긍정적인 영향을 미친다(Walker, 2015).

나는 신체활동이 부족한 학교생활이란 것이 미국적인 문제라고 생각했다. 미국 학교는 일정이 길고 휴식시간이 많지 않으니 자연스레 생기는 문제라고 생각했다. 그런데 핀란드에서 아이들을 가르치다 보니, 헬싱키의 공립학교에서도 같은 현상이 벌어지고 있었다. 처음에는 이 상황이 이해되지 않았다. 핀란드 아이들은 일과시간도 짧고, 15분간의 휴식시간을 자주 갖는다. 휴식시간이 아이들의 수업집중도를 높이는 것은 맞다. 하지만 휴식시간이 있다고 해서 아이들이 학교에서 더 활발하게 몸을 움직이는 것은 아니다.

학교 운동장에서는 햇빛이 쨍쨍하든 눈이 오든, 휴식시간을 수동적으로 보내는 핀란드 아이들을 많이 볼 수 있었다. 어떤 아이들은 최신 모바일 게임에 빠져서 스마트폰을 두드리고 있었고, 어떤 아이들은 몸을 움츠린 채 벤치에 앉아 있거나 삼삼오오 무리를 지어 선 채로 잡담을 했다. 어쩌다 술래잡기나 축구를 하는 아이들도 볼 수 있었다. 하지만 대체로 가만히 있는 아이들의 수가 활발히 움직이는 아이들의 수보다 많았다. 학교 복도에서는 고학년 학생들이 구부정한 자세로 벽에 기대어 서 있거나, 심지어 바닥에 누워 다음 수업이 시작되기를 기다리고 있었다.

핀란드 연구진도 내가 관찰한 바를 확인해줬다. 「2014년 핀란드 어린이와 청소년의 신체활동 성적표(Finnish Report Card 2014 on Physical Activity for Children and Youth)」에서 핀란드 아이들은 전반적인 신체활동 수준에 대해 'D'를 받았다. 2013년의 한 연구에서는 연구에 참여한 핀란드 초등학생의 절반만이 매일 적어도 한 시간 이상 '중·고강도의' 신체활동을 해야 한다는 국가기준에 부합했다. 중학생의 경우는 그보다 낮은 17퍼센트의 아이들만이 기준에 부합했다(Walker, 2015).

핀란드가 신체활동 성적표에서 낮은 성적을 낸 유일한 나라는 아니었다. 「2014년 미국 어린이와 청소년의 신체활동 성적표(2014 United States Report Card on Physical Activity for Children and Youth)」를 보면 미국은 전반적 신체활동 수준에 대해 'D⁻'를 받았다. 이 성적표에 따르면 6세에서 15세 사이 미국 어린이 가운데

약 4분의 1만이 일주일에 5일 이상, 하루에 1시간 동안 신체활동을 한다(Walker, 2015).

두 나라 모두 아이들의 활동수준이 낮아 고민이지만 핀란드와 미국 사이에는 핵심적인 차이가 존재한다. 이 자그마한 북유럽 국가의 경우, 수백 개 학교가 '움직이는 학교(Finnish Schools on the Move, 핀란드 학생들의 체력 증진 프로젝트로 기존의 체육활동과 더불어 학생들의 신체활동을 강화한 교육 프로그램-옮긴이)'라고 부르는 새로운 정부 시책을 도입해, 아이들이 온종일 활발히 움직일 수 있도록 노력을 기울이고 있기 때문이다. 이 실험은 아이들의 활동량을 늘리기 위해 다른 나라가 시도할 만한 본보기가 될 수 있다.

2010년에서 2012년 사이에 45개의 핀란드 학교가 이 시범 프로그램에 참여했다. 그 결과는 희망적이어서, 학교가 노력하면 아이들의 신체활동을 늘릴 수 있음을 보여줬다. 프로그램 종료 후 실시한 조사에 따르면 참여한 초등학생 절반과 중학생 3분의 1이 신체활동이 늘었다고 응답했다(Walker, 2015).

깜짝 놀랄 만한 결과일까? 그렇지는 않다. 이 프로그램을 요약한 어느 문서는 "시행된 조치가 효과를 보려면 시간이 소요된다. 따라서 학교에서 아이들의 신체활동을 늘리기 위해서는 장기적이고 체계적인 개발 작업이 필요하다."라고 밝혔다. 소박한 시도였지만 '움직이는 학교'는 올바른 방향으로의 한 걸음이었다(Walker, 2015).

이 프로그램의 연구수행기관인 LIKES(공식 명칭은 LIKES

Research Center for Physical Activity and Health, 즉 LIKES 신체활동 건강센터-옮긴이)의 연구책임자 투이야 타멜린(Tuija Tammelin)은 움직이는 학교 프로그램이 빠른 속도로 받아들여진 데 깊은 인상을 받았다고 내게 말했다. 이 프로그램에 참여하는 종합학교의 수는 불과 2년 사이에 45개 교에서 거의 800개 교로 늘어났다. 2014년 가을에 내가 근무하던 학교도 이 프로그램을 도입했다. 덕분에 나는 '움직이는 학교' 프로그램이 시행되는 모습을 가까이에서 볼 수 있었다.

* * *

12월 중순 어느 날, 정오가 막 지난 시간이었다. 나는 15분의 휴식시간 동안 바깥을 돌아다니고 있었다. 헬싱키에서 교직생활을 시작한 지 두 번째 해였고, 첫해에 가르치던 학생들과 함께 6학년으로 올라간 상태였다. 학교에 얼마 전 '움직이는 학교' 프로그램이 도입되었기 때문에, 학생들의 행동에 어떤 변화가 생기고 있는지 궁금해졌다. 이제 운동장에서 어슬렁거리는 아이들을 덜 보게 되려나?

형광 노랑 조끼를 입은 6학년생 에미와 마리안네가 아이들이 즐겨하는 바나나 태그(Banana Tag, 한국의 '얼음땡'과 비슷한 놀이-옮긴이)를 하고 있었다. 그들 주위로 열 명 남짓한 저학년 아이들이 이리저리 뛰어다니고 있었다.

에미와 마리안네는 '휴식시간 활동가(recess activators)'였다. 일주일에 한 번 어린 학생들, 특히 1, 2학년 아이들을 데리고 활동하도록 훈련을 받았다는 뜻이다. 내가 도착하기 몇 분 전에, 이 두 학생은 일고여덟 살짜리들을 불러 모아서 무슨 놀이를 할지 결정한 상태였다.

나는 어린아이들이 우리를 피해 이리저리 즐겁게 뛰어다니는 가운데, 놀이를 진행하고 있는 에미에게 다가갔다. 그리고 이런 놀이를 진행하기 시작한 이후로 휴식시간에 저학년 학생들이 전보다 더 활동적으로 움직이는지를 물었다. 에미는 어른들이 뻔한 질문을 했을 때 아이들이 짓는 표정을 내게 지어 보였다. 눈썹을 치켜뜨며 격하게 고개를 끄덕이는 에미의 반응은 길을 막지 말고 빨리 빠져달라는 신호였다.

머지않아, 그날 내가 지켜본 에미와 마리안네의 활동은 매일의 일과로 자리 잡은 게 분명해졌다. 매일 정오에 몇 명의 휴식시간 활동가들이 비슷한 활동을 시작했고, 아스팔트 운동장에 흩어져서 바나나 태그와 같은 활동적인 놀이를 함께할 어린 학생들을 모으러 다녔다.

나는 헬싱키에서 자동차로 한 시간 반 정도 거리에 있는 도시 살로(Salo)에 있는 다른 학교를 찾아갔다. 거기서는 6학년 학생들이 다른 방법으로 아이들을 돕고 있는 모습을 봤다. 수업이 막 끝나자, 수십 명의 초등학생이 겨울 외투와 야외용 신발을 보관해둔 현관으로 몰려갔다. 그런데 몇몇 아이들은 종전처럼 바깥으로 달려 나가는 대신, 뒤에 남아서 앞문 근처에 있는 테이블 앞에 줄을 섰다. 그 아이들은 명함 크기의 종이를 하나씩 쥐고 있었다. 알고 보니 그 종이는 휴식시간에 운동 장비를 빌릴 수 있는 일종의 교환증이었다.

잠시 후에, 고학년 학생 두 명이 테이블 뒤에 섰다. 그들은 교사 휴게실에서 가져온 열쇠로 그 테이블 아래쪽 수납함의 문을 열고 첫 번째 학생을 불렀다. 몸집이 작은 금발의 남자아이였다.

"뭘 줄까?" 고학년 학생이 그 소년의 교환증을 받은 다음 물었다. 소년이 원한 농구공을 건네주자 기쁘게 받아들고 바깥으로 달려 나갔다. 그다음에는 둥근 얼굴의 갈색 머리 여학생이 나와서 줄넘기를 달라고 했다. 이런 광경은 원하는 것이 있는 아이들이 만들어낸 긴 줄이 사라질 때까지 계속되었다.

이 프로그램이 헬싱키에 있는 우리 학교의 프로그램처럼 성공적인지 궁금해진 나는 테이블 앞으로 다가가 고학년 학생들에게 그동안 신체활동 수준에 변화가 있었는지 물었다. 놀랄 것도 없이 대답은 '그렇다'였다.

그러나 그 대답만으로 프로그램이 좋은 결과를 내고 있다고 확신할 수는 없었다. 휴식시간에 활발히 움직이는 저학년 아이들의 모습을 보긴 했지만, '움직이는 학교' 프로그램이 고학년 학생들에게 미치는 영향에 대해서는 여전히 의구심이 들었다. 시범 프로그램에서는 고학년일수록 학교에서 앉아서 지내는 시간이 더 많다고 했다. 그리고 후속 조사에 따르면 7학년에서 9학년 아이들의 경우 프로그램에 참여하더라도 실제로 일일 신체활동량이 늘어난 아이들은 그중 3분의 1에 불과했다(Walker, 2015).

나는 내가 근무하는 헬싱키의 공립학교에서 이 프로그램을 담당하는 체육교사 한 분과 이야기를 나눠봤다. 선생님은 에미나 마리안네 같은 휴식시간 활동가의 노력을 기쁘게 여기면서도, 고학년 학생들을 위한 무언가가 더 필요하다고 인정했다. 그런데 이 선생님에게는 계획이 있었다.

내가 근무하는 헬싱키의 공립학교는 학생들이 가장 흥미를 느끼는 신체활동에 참여할 수 있도록 일과 중에 추가 휴식시간을 배정할 계획이었다. 15분의 짧은 휴식시간 대신에 적어도 하루에 한 번 30분간의 휴식을 허용하겠다는 것이었다. 이와 같은 변화는 특히 7학년에서 9학년까지의 학생들에게 도움이 될 것으로 기대되었다. 고학년 아이들은 술래잡기 놀이를 하기엔 너무 커버려서, 심장 박동을 더 높이려면 발달심리학적으로 더 적절한 방법이 필요한 상황이었다.

이 새로운 모델에서는 고학년 학생들이 일과시간 중 활동적으로 몸을 움직일 수 있도록 자기 나름의 기분전환 방법을 생각해내야 한다. 요가라테스(yogalates, 요가와 필라테스의 합성어-옮긴이), 실내 하키, 체조 등이 그 예이다. 활발하게 움직이는 활동이라면 무엇이든 좋으니 아이들이 스스로 생각해내야 한다. 그런 다음, 아이들이 스스로 활동을 운영하고 지도하게 되는데, 이 역시 다분히 의도적이다. 핀란드 학교는 학생들의 아이디어를 수용하고 학교에서 그런 활동을 할 시간과 장소를 마련해줌으로써 주체적인 참여를 독려한다.

하지만 이 모델의 핵심이 학생들에게 자율성을 부여하는 데만 있는 것은 아니다. 신체활동을 늘리는 것이 휴식시간이나 체육수업만의 목표가 되어서는 안 된다는 생각도 보여준다.

실제로 나는 수업시간에도 신체활동이 필요하다는 걸 깨달았다. 학교에서 '움직이는 학교' 프로그램을 도입하면서, 프로그램 담당교사들은 수업 중에 학생들이 몸을 좀 더 움직이게 하기 위한 다양한 전략들을 제안했다. 가령, 아이들이 수업 중간에 잠시 일어나 숨을 돌릴 수 있게 '에너지 충전' 시간을 주고, 일어선 상태로 과제를 완료하도록 허용하고, 의자 대신 짐볼을 놓아 아이들이 콩콩 뛰어다니면서 공부할 수 있게 하는 등 여러 가지 방법이 제안되었다.

그해 가을부터 나는 수업 중에 학생들을 움직이게 할 더 많은 방법을 찾기 시작했다. 실험적으로 사용해본 전략 중 하나는 미국에서 처음 본 방법을 응용한 것이다. 나는 이것을 '액티브 갤러리 워크(Active Gallery Walk, 미술작품을 관람하듯 교실 안을 돌아다니며 학습과 관련된 전시물을 둘러보고 학습하는 활동-옮긴이)'라고 부르는데, 이 활동을 하는 동안 아이들은 몸을 계속 움직이면서도 수업에 집중할 수 있다.

나는 전통적인 학교교육 방식에 좌절감을 느끼고 이 방법을 생각해냈다. 학생들은 과제를 수동적으로 발표하는 경우가 너무나 많다. 예를 들면 포스터나 슬라이드 발표 자료를 가지고 교실 앞에 나와서, 자신이 알게 된 것을 말로 설명하는 식이다. 이런 식의 흔한 발표는 수업시간을 많이 잡아먹을 뿐만 아니라 다른 방법에 비해 비생산적이다. 가만히 앉아서 여러 사람의 발표를 연달아 듣는 것은 교사를 포함해 교실 안에 있는 모든 사람의 눈을 게슴츠레하게 만들 만큼 지루하다. 학생들이 아무리 요령 있게 발표해도 마찬가지다.

배운 것을 발표할 기회를 주는 일은 물론 중요하다. 그러나 아이들이 몰입할 수도 없고 적극적일 수도 없다면 아무 소용 없다. 그래서 나는 '액티브 갤러리 워크'를 활용한다. 방법은 다음과 같다. 학생들은 자신이 발표할 내용을 교실 벽이나 복도에 마치 작품을 전시하듯 붙인다. 각 전시물에는 번호가 매겨져 있고, 아이들은 한 전시물에서 다음 전시물로 질서정연하게 이동하면서 각 전시물을 1~2분 동안 주의 깊게 들여다본다. 더욱 의미 있는 경험이 되도록 학생들은 각각의 전시물을 보면서 피드백을 써서 서로에게 전달한다. 액티브 갤러리 워크를 시작하기 전에 학생들에게 두 가지 색깔의 포스트잇을 나눠준다. 하나는 과제물에 대한 의문점을 적어 발표자가 생각해보게 하고, 다른 하나는 과제물에 대한 긍정적인 의견을 적어서 내게 하기 위해서다.

아이들은 액티브 갤러리 워크 활동을 하는 내내 몸을 기울여 발표물을 들여다보고 포스트잇에 피드백을 적으며 즐겁게 몸을 움직이지만, 가장 좋아하는 시간은 이 활동이 끝난 직후이다. 학생들은 얼른 자기 전시물을 떼어내고 자리로 돌아가서, 친구들로부터 받은 피드백을 꼼꼼히 읽어본다. 당연히 나는 학생들이 작품을 수정할 기회를 준다. 학생들은 내가 그러라고 하지 않아도 언제나 자신의 발표물을 기꺼이 수정·보완하려고 한다.

* * *

한번은 6학년 학생들과 갤러리 워크 활동을 진행하다가 시계를 확인하고는 시간이 어찌나 빨리 흘렀는지 깜짝 놀랐다. 느낌상 방금 시작한 것 같았는데 20분이 훌쩍 지나 있었다. "와!" 하는 내 감탄사를 듣고 에미가 고개를 돌려 왜 그러냐고 물었다. 내가 시간을 보여주자 에미도 시간이 그렇게 많이 흘렀다는 사실에 놀라워했다. 우리는 학습이 언제나 이런 느낌이어야 한다는 데 동의했다.

한번은 한 학생이 갤러리 워크 활동 후 내게 다가오더니 하이파이브를 하고는 이런 수업을 해주셔서 감사하다고 했다. 마치 내가 반 친구들에게 예상치 못한 선물을 준 것처럼 말이다. 하지만 그 학생이 감사를 표해야 할 이유는 없었다. 모든 학생은 활동적이고 몰입도 높은 수업을 받아야 마땅하기 때문이다.

'움직이는 학교' 프로그램은 나에게 깨달음을 줬다. 미국은 물론이고 전 세계의 학교에서 아이들의 신체활동을 늘리려면 아이들이 능동적으로 생활방식을 주도해나갈 수 있도록 부추기고, 학생들이 교실에서 몸을 움직일 수 있는 창의적인 방법을 생각해내도록 교사들을 격려해야 한다는 깨달음이었다.

액티브 갤러리 워크와 같은 활동은 어떤 학년에서든 효과가 있다. 핀란드의 '움직이는 학교' 프로그램이 달성하고자 하는 목표, 즉 신체활동을 늘리고 자리에 앉아 있는 시간을 줄이기 위한 몇 가지 아이디어들을 제시하면 다음과 같다. 제안 중 일부는 해당 웹사이트(liikkuvakoulu.fi/english)에서 가져온 것이다.

- 수업 중 자연스럽게 일어서거나 몸을 움직일 방법을 찾아보라. 초등학교 교사라면 학생들에게 책을 읽어줄 때, 들려주는 문장 일부분을 자리에서 일어나서 몸으로 표현해보도록 하라. 헬싱키에서 가르치던 두 번째 해에 나는 교실에서 2학년 아이들과 수업한 적이 있었다. 『찰리와 초콜릿 공장(Charlie and the Chocolate Factory)』을 소리 내어 읽는 시간에, 내가 긴 '움파룸파' 노래(『찰리와 초콜릿 공장』에 나오는 난쟁이들이 부르는 노래-옮긴이)를 읽는 동안 아이들은 교실을 돌면서 춤을 추었다. 아이들은 매우 즐거워했고, 덕분에 모두가 일어서서 몸을 움직일 수 있었다. 고학년 학생들의 경우 '입석 토론' 시간을 가져보면 어떨까? 아예 의자와 책상을 교실 한쪽으로 밀어버리고, 그날의 주제에 관해 선 채로 열띤 토론을 벌일 수도 있을 것이다.

- 때로는 수업을 재미있게 하려고 최선을 다해도 장시간 앉아 있느라 졸려하는 학생들이 눈에 띌 것이다. 그럴 때는

군대의 지휘관 흉내를 내면서 막간 체조시간을 선언해보면 어떨까? 팔벌려뛰기 20개 또는 20초간 제자리뛰기를 하면 수업에 활력을 불어넣을 수 있고, 아이들은 잠시나마 앉은 자세에서 벗어날 수 있다.

- 초등학교 교사라면 반에서 '휴식시간 활동가'를 지명해 헬싱키의 에미와 마리안네처럼 운동장에서 교대로 임무를 수행하게 할 수도 있다. 활동가들이 진행하는 놀이에 아이들을 억지로 참여시키는 것은 곤란하지만, 핀란드에서 봤듯이 매일 학생들에게 바나나 태그처럼 즐겁고 활동적인 놀이를 할 기회를 주면 학생들이 운동장에서 훨씬 더 활발하게 몸을 움직이도록 유도할 수 있다. 만약 휴식시간 활동가를 지명해야겠다고 생각 중이라면 해당 학생들에게는 약간의 교육이 필요할 수 있다. 시도해볼 만한 놀이목록을 아이들과 함께 작성해보고, 놀이를 진행할 때 다른 아이들을 지원하는 방법을 가르쳐주는 정도면 된다. 활동가들이 처음으로 게임 진행을 시도해보는 동안에는 자기 역할에 능숙해질 때까지 지켜봐주는 것이 중요하다.

- 보스턴 지역에서 1학년, 2학년을 가르치던 시절에, 몸집이 작고 침착성이 없는 남학생이 한 명 있었다. 그 아이는 한시도 가만히 앉아 있지 못했다. 책상에 앉아 과제를 마무리하라는 지시를 들을 때마다 아이는 자리에서 일어서고 싶

어 했다. 결국 나는 그 학생에게만큼은 앉으라는 지시를 덜 하게 되었는데, 내가 보기엔 그렇게 해도 과제의 질이 크게 나빠지지 않았다. 학생들, 특히 어린 학생들은 제대로 된 글씨쓰기와 올바른 자세를 배우는 것도 중요하지만, 아이들에게 돌아다니고 꼼지락거리고 자리에서 일어설 자유를 주는 것도 그에 못지않게 가치 있는 일이라고 생각한다. 어떤 교사들은 교실에 의자 없는 입식 책상을 가져다 놓는다고 하는데, 좋은 방법인 것 같다. 그보다 비용이 덜 드는 방법으로는 학생들이 일어선 채로 책을 읽게 해주거나, 아이들이 교실을 돌아다니면서 과제를 끝낼 수 있게 클립보드(clipboard, 위에 집게가 달려 있어서 종이를 끼울 수 있는 판—옮긴이)를 나눠주는 방법 등이 있다.

03

재충전을 위한 시간 확보

일과 공부에서 벗어나는 시간을 가져라

내가 근무하던 헬싱키 학교의 정규교사 수업량은 주당 24시간이었다. 15분씩 있는 휴식시간을 빼면 매주 18시간만 교실 수업을 하는 셈이다. 핀란드에서 전일제 근무를 하는 초등학교 교사들이 일반적으로 감당하는 수업량이 이 정도이다. 전에 근무했던 미국 학교에서는 헬싱키의 교사들보다 약 50퍼센트 더 많은 시간을 학생들과 보냈다. 사실 미국 교사들은 다른 OECD 국가의 교사들에 비해 주당 평균 가장 많은 시간(26.8시간)을 교실수업에 할애한다(Walker, 2016c).

핀란드의 동료교사들이 교실에서 보내는 시간이 워낙 적으니, 수업준비를 하고 이메일을 보내고 학습지도안을 짜는 일은 학교 수업이 끝난 후 자유시간에 훨씬 많이 하겠거니 생각했다. 미국에서 교직생활을 할 때 파트타임 근무(핀란드 전일제 교사가 가르치는 시간 정도)를 하면 내 자유시간을 가르치는 데 더 투입할 수 있지 않을까 생각한 적이 있기 때문이다. 하지만 핀란드인 동료들은 나를 깜짝 놀라게 했다. 거대한 병원 건물을 개조해 만든 우리 학교는 보통 오후 4시가 되면 텅텅 비었다.

헬싱키에 온 첫해에 아내는 둘째 아이를 임신 중이었다. 출산 예정일을 딱 일주일 앞둔 어느 날 오후, 교장 선생님이 내게 따지듯이 물었다. "집에 가 계셔야 하지 않아요?"

또 한 번은 금요일 오후 3시 반, 텅 빈 교사 휴게실에서 일하고 있는데, 교장 선생님이 내 귀에 대고 속삭였다. "집에 가야 할 시간이에요."

핀란드인 교장 선생님의 말은 내가 보스턴 지역에서 만난 미국인 교장 선생님의 메시지와는 극명히 대조적이었다. 미국인 교장 선생님은 교사를 기본적으로 두 부류로 나눌 수 있다면서, 오후 늦게까지 일하는 유형과 학교 버스보다 더 빨리 주차장을 떠나는 유형을 말씀하셨다. 첫 번째 유형은 헌신적인 전문가 집단이지만, 두 번째 유형은 거기에 훨씬 못 미치는 집단이라는 뜻이었다.

핀란드에서 교직생활을 하면서 나는 이러한 이분법이 부정확하고 무의미하다는 것을 알게 되었다. 동료교사들은 마지막 수업이 끝나면 몇 분 지나지 않아 집으로 훌쩍 가버리곤 했다. 하지만 나는 그들이 근무시간을 퇴근 전으로 제한하는 건 게을러서가 아니라 현명해서임을 깨달았다. 그들은 교사로서 굳건히 살아남으려면 재충전을 위한 퇴근이 중요하다는 사실을 알고 있었던 것이다.

누구든 적어도 일 년을 교사로 살아본 사람이라면, 가르치는 일이 단거리 경주보다는 마라톤과 비슷하다는 걸 안다. 그러나 내가 미국의 학교에서 지켜본 바에 따르면, 과거의 나 자신을 포함해서 많은 교사가 속도 조절을 어려워한다. 심지어 몸이 속도를 좀 늦추라고 경고를 보낼 때조차 그러지 못한다.

보스턴 지역에서 교사로 일하던 첫해에 나는 단거리 육상선수의 접근법을 시도했다. 잠들기 직전까지 일했고, 학교에 일찍 출근하려고 잠을 줄였으며, 점심시간에도 수업준비를 했다. 쉬지 않고 일하는 이 방법은 예측 가능한 결과로 이어졌다. 몸과 마음이 완전히 소진되고, 극심한 불안감에 시달렸으며, 이 직업을 영원히 떠나야겠다고 생각하기에 이른 것이다.

교직 첫해에 저지른 가장 큰 실수는 내가 자신을 평가한 방식에 있었다. 나는 일하는 시간이 많을수록 교사로서 더 성공할 것이라 생각했다. 하지만 실제로는 그렇지 않았다. 나는 열심히 일했지만 똑똑하게 일한 것은 아니었다. 그 첫해에 나는 학교수업이 끝난 후 몇 시간씩 유난을 떨며 교실을 장식하거나 완벽하게 교안을 짜려고 애썼다. 하지만 오후 시간에 정작 나에게 필요했던 건 한 시간이라도 더 수업준비에 매달리는 게 아니라 일에서 벗어나는 것이었다.

한번은 헬싱키를 방문한 미국인 교사를 만난 적이 있다. 그가 일하는 버지니아의 공립고등학교는 선생님들이 매일 학교에 들고 날 때, 마치 공사장에서 일하는 사람처럼 출퇴근 시간을 기록한다고 했다. 이상한 것은 학구에서는 이 데이터가 평가에 어떤 영향도 주지 않는다고 말하는데도, 교사들은 여전히 이 시간 기록 시스템을 사용해야 했다는 점이다. 그 선생님의 설명을 듣다 보니, 비록 의무는 아니더라도 아침에는 좀 더 일찍 출근하고 오후에는 좀 더 늦게 퇴근해야겠다고 생각했을 그와 동료교사들의 압박감이 상상되었다. 내가 보기에 그 학구는 교육의 질이 아니라 양을 강조하는 듯했다.

교실에서 즐거움을 최우선으로 삼으려면 일한 양으로 자신을 평가하라고 강요하는 이런 쓸데없는 이데올로기를 거부할 필요가 있다. 실제로 미국의 교사들은 전 세계의 다른 교사들에 비해 믿을 수 없을 만큼 오래 일한다. 나는 미국 교사들이 이러한 현실을 인식하고, 매일 제한된 자유시간의 일정 부분을 기분전환에 도움이 되는 방과 후 활동에 할애해야 한다고 생각한다.

매일 자신을 재충전하는 것은 이기적인 행동이 아니다. 오히려 정반대로, 일에 매몰되어 스트레스를 받고 불안해지고 학생들을 보살필 수 없는 상태가 되는 것이야말로 진짜 이기적인 행동이다. 아이들은 교사에게서 정신적 안정을 찾아야 하는데, 교사가 휴직하거나 신체적·정신적으로 소진되면 아이들을 위한 제자리를 지킬 수가 없다. 실제로 미국 교사들의 46퍼센트가 매일 엄청난 스트레스를 겪는다. 이것은 모든 전문직을 통틀어 가장 높은 수치이며 미국 간호사들과 맞먹는 수준이다(Walker, 2016b).

방과 후 재충전하는 방법은 교사마다 다를 수 있다. 어떤 사람은 달리기를 하면서 기분전환을 하고, 어떤 사람은 자녀와 기차놀이를 하면서 재충전하며, 단 몇 분이라도 한가하게 책을 읽으며 즐거움을 얻는 사람도 있을 것이다. 내가 알게 된 가장 중요한 원칙은 일할 때와 쉴 때의 경계선을 명확하게 구분하고 지켜야 한다는 점이다. 모든 교사는 자신의 업무량뿐 아니라 일정상 '반드시 해야 할 일'이 무엇인지 알고 있다. 그러니까 내 말은 책임을 회피하자는 이야기가 아니라 속도 조절에 중점을 둬야 한다는 뜻이다.

몇 년 전에 한 미국인 교사와 이야기를 나눈 적이 있다. 그분은 학교가 끝난 후 가능한 한 많은 시간을 집에서 학령기 아동인 자녀들과 보내고, 아이들이 잠자리에 들면 수업준비와 이메일 답신을 한다고 했다. 그분에게는 이 일상이 아주 효과적이었다. 그 선생님은 재충전할 때와 일할 때를 잘 알고 있었다. 나는 조금 다른 방식을 선호한다. 학교에 일감을 놔두고 집에 오는 것이다. 그러면 저녁에는 완전히 일에서 벗어날 수 있다. 물론 그러기 위해 귀가가 두 시간쯤 늦어졌다. 헬싱키에서는 마지막 수업이 끝나고 나서 두 시간 뒤쯤에 귀가하는 것을 목표로 했다. 다음 날 수업을 계획하고, 수업자료를 준비하고, 학생들의 과제를 평가하고, 이메일 수신함을 비우는 등 수업에 꼭 필요한 것들을 챙기려면 그 정도의 시간이 필요했다.

나는 꼭 필요한 학교 일을 내버려 두고 온 상태로는 재충전이 어렵다는 것을 깨달았다. 집에서 아이들과 놀아주며 한가롭게 시간을 보내면서도, 머릿속으로는 해야 할 일을 계속해서 곱씹어 생각했다. 하지만 마감 시간을 정해놓으니, 학교를 나서기 전에 자연스럽게 제일 중요한 일을 먼저 하게 됐다. 일단 그런 기본적인 일들을 처리해놓고 나면 다음 날 수업에 대해 어느 정도 자신감이 생기고, 저녁 내내 일 생각을 떨쳐버리는 데도 도움이 되었다.

학기 중에 트위터 챗(twitter chat, 트위터 사용자들이 정해진 시간에 모여 특정 주제에 관해 이야기하는 것을 의미-옮긴이), 자원봉사위원회, 독서클럽과 같이 재미있는, 그러나 꼭 필요하지는 않은 활동에 참여하고 싶은 유혹이 생길 수 있다. 이런 활동은 아주 재미있기는 하지만, 교사로서 반드시 해야 할 수업 관련 업무에서 주의를 빼앗아가기도 한다. 그렇게 되면 가뜩이나 부족한 재충전을 위한 자유시간이 줄어든다. 그런 점에서 여름방학은 이런 종류의 활동에 참여하기에 가장 좋은 시기다. 다음 날 수업준비를 걱정할 필요가 없기 때문이다.

그러나 매일의 재충전을 위해 각자 합리적인 경계선을 정한다고 하더라도, 직업 특성상 반드시 초과근무를 해야 할 때가 있다. 학기 말 통지표를 작성하는 기간이 그렇다. 헬싱키 학교의 경우 일 년에 두 번 그때가 되면 저녁 늦게까지 일하는 핀란드인 동료들의 모습을 종종 볼 수 있었다. 매년 열리는 '학부모의 밤' 같은 특별한 행사 때도 마찬가지 상황이 벌어진다. 이처럼 퇴근 후 재충전할 기회를 얻지 못하는 날도 있지만, 평소에 재충전하는 습관을 들여놓으면 그런 날을 편안한 마음으로 맞이할 수 있다.

* * *

가르치는 일에 집중하기 위해 에너지를 정기적으로 재충전하는 일이 얼마나 가치 있는 일인지를 이해한다면, 학생들에게도 재충전이 필요하다는 사실을 이해하게 된다. 긴 학교 일과 때문에 자유시간이 상당히 줄어든 미국 아이들에게는 특히나 귀중하다.

교사로서 아이들의 방과 후 시간에 영향을 끼칠 방법은 거의 없지만, 학생들이 매일 재충전하도록 격려해줄 수 있는 확실한 영역이 있다. 바로 숙제이다. 인터넷 등을 통해 핀란드에는 숙제가 없다는 이야기를 많이 들어봤을 것이다. 하지만 실망스럽게도 그것은 잘 알려진 거짓 신화이다. 그래도 핀란드 교사들은 학생에게 부여하는 숙제의 양에 관해 합리적이다. 내가 이야기를 나눠본 핀란드 교사들은 자유시간의 가치를 인정하기 때문에 아이들에게 추가적인 학교 과제로 부담을 주고 싶어 하지 않았다. 놀랍게도, 핀란드 교사들은 핀란드 학생들이 다른 선진국의 또래에 비해 수업시수가 상당히 적다는 것이 알려진 상태에서도 숙제는 대체로 가벼워야 한다는 믿음을 그대로 유지하는 듯했다.

핀란드에서 나는 학교 숙제에 관한 정책이란 것을 접해본 적이 없다. 학생들에게 어느 정도의 숙제가 적절할지 결정하는 것은 교사의 몫이었다. 경험상, 핀란드 교사들은 며칠에 걸쳐 마칠 수 있는 비교적 적은 양의 숙제를 가끔 내줄 뿐이었다. 그뿐 아니라 그 과제라는 것도 대개는 간단해서 학생들이 어른들의 도움 없이 스스로 끝낼 수 있는 수준이었다.

　나는 숙제를 가능한 한 최소 수준으로 유지해서 학생들이 저녁에 재충전할 시간을 더 많이 갖게 하는 것이 현명하다고 생각한다. 만약 매일 반드시 일정량의 숙제를 부여해야 하는 학교에 근무하고 있다면, 학생들이 혼자서 쉽게 마칠 수 있는 단순한 숙제를 내주는 것도 학생들이 저녁에 재충전하도록 돕는 방법이 될 수 있다.

04

학습공간은 최대한 단순하게
교실 벽을 전시공간으로 쓰지 말라

한번은 미국에서 온 방문자들을 인솔해 헬싱키의 우리 학교를 보여주고 있었다. 그때 한 교육행정가가 약간 걱정스러운 표정으로 말했다. "벽에 붙어 있는 게 별로 없네요." 그는 왜 그런지 이유를 알고 싶어 했다.

여름방학기간이고, 내가 가르치는 학생들을 포함해 많은 학생이 과제를 집에 가져갔기 때문이라고 대답하면 간단했다. 그러나 그게 전부는 아니었다. 5월에 이 학교를 방문한다고 해도 풍경은 크게 다르지 않을 테니까. 아마 지리 시간에 완성한 포스터나 미술 시간에 그린 그림 몇 장이 벽에 붙은 전부일 것이다. 핀란드의 다른 학교를 방문했을 때도 비슷했다. 내 경험에 의하면 핀란드 교사들은 교실이나 복도 벽에 무엇이든 되도록 적게 붙이는 편을 선호한다. 이들에게는 그쪽이 더 자연스럽기 때문이다.

핀란드 디자인의 미니멀리즘(minimalism, 단순미를 추구하는 예

술 사조-옮긴이)에서 증명된 것처럼, 핀란드 사람들은 곧잘 "적을
수록 많다(less is more)."라는 모토를 칭송한다. 핀란드인의 집을
방문해보면 아마도 말끔히 정돈된 아늑한 공간을 만나게 될 것이
다. 이케아(IKEA, 스웨덴의 가구 제조 기업-옮긴이) 스타일을 떠올려
보라. 핀란드인 집주인에게 해줄 수 있는 멋진 칭찬은 그 집의 '투
넬마(tunnelma, 분위기)'에 대해 긍정적인 말을 해주는 것이다. 나
는 핀란드에 살면서, 핀란드 사람들의 관점에서 아늑한 집이란 생
활공간을 최대한 단순하게 유지하는 것과 직결된다는 사실을 배
웠다.

똑같은 원리가 핀란드 교실 디자인에도 적용되었다고 생각한
다. 핀란드 학교를 방문하는 많은 이들이 학생과 교사의 차분한
태도를 인상 깊게 느낀다. 이런 현상의 배경에는 많은 요인이 있
겠지만, 이들에게 과도함이 느껴지지 않는 한 가지 이유는 단순화
된 학습공간 덕분이라고 생각한다.

2014년에 카네기멜론대학교의 연구진이 이 문제를 탐구했다.
즉, 장식을 많이 한 교실이 아이들의 학습에 어떻게 방해가 되는
지를 알아본 것이다. 연구에 참여한 유치원생들은 실험용 교실에
서 여섯 번의 기초과학 수업을 받았다. 연구진은 실험을 위해 학
습환경을 달리했는데, 일부 수업에서는 벽을 장식으로 가득 채웠
고, 다른 수업에서는 벽을 완전히 비워두었다. 실험 결과, 아이들
은 "장식이 없을 때보다 벽에 장식이 많을 때 산만해졌고, 한눈
을 더 많이 팔았으며, 학습효과도 더 낮았다."(Fisher, Godwin, &

Seltman, 2014, p.1362)

교실에서 외적 자극을 줄이는 일은 교사로서 어린 학생들을 위해 특히 중요하다. 주의집중 능력은 나이가 들면서 발달하기 때문이다. 이 연구의 저자들도 6학년생들이 미취학 아동들보다 훨씬 더 수월하게 무의미한 자극을 무시할 수 있다고 지적했다(Hoffman, 2014).

이 연구의 주 저자인 안나 V. 피셔(Anna V. Fisher)는 《뉴욕타임스(The New York Times)》와의 인터뷰에서 학업성취는 많은 요인에 영향을 받지만 그중 다수가 교사의 통제를 벗어나 있다고 했다. 그럼에도 교실은 교사가 쉽게 영향을 미칠 수 있는 부분이라고 강조했다(Hoffman, 2014).

학생의 뛰어난 작품을 전시하는 것은 물론 즐거운 일이다. 학생들은 자신이 만든 작품을 자랑스럽게 여길 수 있고, 당연히 그래야 하며, 교사들도 학생들을 잘 이끌어온 데 대해 스스로 자랑스러울 수 있다. 하지만 연구결과를 살펴보면 과유불급임을 알 수 있다.

교사로서 우리는 '겉으로 보이는' 학습에 지나치게 초점을 맞출 때가 있다. 그래서 학생의 작품에 지나치게 집착하고, 그걸 벽에 붙이는 일에 과도한 시간을 보낸다. 관심을 기울여야 할 더 중요한 수업요소가 있는데도 말이다. 부끄러운 이야기지만 나는 보스턴 지역에서 아이들을 가르치던 초창기에 1학년 학생들의 수학학습장을 벽에 붙여두곤 했다. 교실을 단순하게 만들려면 균형감각이 필요하다. 어렵게 느껴질 수도 있음을 인정한다.

몇 년 전에 나는 매사추세츠주의 한 공립학교 교사들을 만난 적이 있다. 그들은 아직 학기가 시작된 지 얼마 되지 않은 시점이 었는데도, 학생들의 작품을 적정량만큼 전시하지 못했다는 이유로 학교 측으로부터 따가운 비난을 받았다고 했다. 평가자들은 휑하니 비어 있는 벽은 학생들의 학습이 충분히 이뤄지지 않았음을 의미한다고 생각했다. 그런 상황에서 이 교사들은 그날 이후 무엇을 제일 우선시했겠는가?

벽에 붙어 있는 종이를 보고 학습이 제대로 이루어졌다고 여기는 건 어처구니없는 발상이다. 교사가 수업시간의 상당 부분을 할애해 학생들에게 벽을 장식하도록 지시할 수도 있기 때문이다. 그런 교사의 교실은 인상적으로 보일 수 있지만, 한 꺼풀 벗겨 보면 수업시간 중 의미 있는 학습이 이루어지지 않았다는 걸 금세 알 수 있다.

그러면 교사는 어떻게 해야 교실 벽에 학습의 증거를 덕지덕지 붙이라는 엄청난 압박을 이기고 공간을 단순하게 유지할 수 있을까? 학생의 작품을 전시하는 목적을 곰곰이 생각해보는 데서 실마리를 얻을 수 있다. 학습이 잘된 것처럼 보이게 해서 허영심을 채우는 것이 주된 목적인가? 미국에서의 내 경험에 비추어 볼 때, 만약 전시의 목적이 그러하다면 교사들은 가장 중요한 일에 집중하지 못하게 되어 결국 부담을 느끼게 될 것이다.

그렇다고 해서 교실을 휑하게 비워둬야 한다는 말은 아니다. 어떤 의도가 있어서 벽에 뭔가를 붙인다면 그것은 그것대로 즐거운 일이다. 그러나 외부의 압박 때문이라면 자제할 필요가 있다. 학생들의 작품으로 벽을 장식하고자 하는 충동이 생겨나는 이유는 다양하다. 내가 전해들은 매사추세츠주의 학교 이야기처럼 엄격한 평가자들을 위협으로 받아들여서일 수도 있지만, 대부분은 많은 작품을 벽에다 붙이는 옆 교실의 동료교사, 또는 전시물이 많을수록 좋은 학습이 이루어졌다고 생각하는 학부모 때문일 가능성이 크다.

하지만 우리는 학생의 작품이나 포스터가 많이 붙어 있는 교실이 반드시 의미 있는 학습이 많이 이루어진 것은 아니라는 사실을 마음속으로 알고 있다. 학습의 가장 중요한 측면 중 하나는 사고이고, 사고의 과정은 깔끔하지도 눈에 보이지도 않는다. 다시 말해, 학생들과의 모든 활동이 증거로 꾸려져 쉽게 전시될 수 있는 것은 아니다.

캘리포니아의 유치원 교사 잉그리드 보이스턴(Ingrid Boyston)은 전에는 교실 벽을 완전히 뒤덮곤 했지만, 요즘은 일부러 빈 공간을 남겨둔다고 한다. 프랑스 화가 클로드 모네(Claude Monet)에 대해 가르칠 때, 그는 작업복을 입고 챙이 넓은 밀짚모자를 쓴 다음, 그 옷차림에 어울릴 법한 유럽식 억양으로 아이들에게 이야기를 들려준다. 이야기를 마친 후의 상황에 대해 《뉴욕타임스》는 다음과 같이 전했다.

교사는 화이트보드로 몸을 돌려 스물일곱 명의 어린 학생들이 방금 들은 이야기 속에서 꼽은 핵심 단어들을 적었다. 그런 다음 아이들은 교실 한쪽에 마련된 색칠 코너로 가서 면봉으로 작업을 시작했다.

마침내 비어 있던 벽을 장식할 때가 되었다. 교사는 그 벽을 학생들의 미술 작품으로 채웠다. 그것은 아이들이 그린 모네였지, 클로드 모네의 그림은 아니었다(Hoffman, 2014).

교사로서 우리는 직관에 반하는 일을 왜 하느냐는 질문에 답할 수 있어야 한다. 예를 들면, 교실을 간소하게 꾸미는 것에 대한 질문이다. 동료교사, 학부모 혹은 학생이 왜 교실 벽이 그렇게 횅한지 질문할 수도 있지 않겠는가? 그 질문을 공격으로 받아들이거나 당황스러워하는 대신, 분명한 이유를 차분하게 제시할 수 있어야 한다. 내가 제시하는 이유는 다음과 같다.

- 나는 교실 벽이 학생들에게 신성한 느낌을 줬으면 한다. 내가 학생들에게 "너희들이 지금 만들고 있는 작품이 교실 벽에 걸리기를 바란다."라고 말할 때, 그것이 뭔가 특별한 의미를 전달할 수 있으면 좋겠다. 자기 작품이 교실에 전시되는 것을 영광이라고 느끼기를 원하기 때문이다. 하지만 얼렁뚱땅 완성한 숙제를 벽에 건다든지 해서 전시하는 항목에 분별력 없는 태도를 보이면 학생들은 정반대의 메시지를 받게 된다. 내 경험상 학생들은 그런 전시물에 별로 관

심을 보이지 않는다.

- 교사에게 시간은 가장 귀중한 자원이고 한정적이기 때문에, 나는 교실 꾸미기와 같은 보조적인 일에 사용하는 시간을 제한하기로 했다. 그런 일을 가치 있게 여기지 않는다는 뜻이 아니다. 다만 내가 꼭 해야 할 다른 일들이 많다는 의미다. 작품을 벽에 붙이는 데 드는 시간을 줄이는 한 가지 방법은 학생들을 참여시키는 것이다. 내 경험상 저학년 학생들조차도 자기 작품을 교실에 전시하기를 즐긴다. 방과 후에 교사가 학생들의 작품을 전시하면서 시간을 보내야 할 이유가 없다. 일과시간 중에 학생들을 뽑아 돕게 하면 교사의 귀한 시간도 절약할 수 있고, 학생들의 주도적인 학습을 장려할 수 있다.

- 전시하는 양이 적으면 벽에 전시된 몇 안 되는 작품이 더 강조된다. 그건 아주 좋은 현상이다.

- 벽에 붙이는 작품의 양을 줄이면 교실의 외적 자극이 줄어든다. 연구에 따르면 이것은 학생들의 집중력을 유지하는 데 도움이 된다.

내 경험상, 교실을 깔끔하게 유지하면 궁극적으로는 시간이 절약되고, 더 수준 높은 작품이 나올 수 있으며, 교수학습의 집중도를 높일 수 있다. 그리고 학습환경을 단순하게 유지하면 교실 중

앙에 서서 벽을 둘러보며 전시물에 압도되거나 전시물이 적어서 부끄러움을 느낄 일은 없다. 오히려 학생들과 더불어 즐거움을 느끼게 될 것이다.

05

쾌적한 학습환경

공기, 소음, 조명, 난방을 쾌적하게 유지하라

나는 핀란드 쿠오피오(Kuopio)에 있는 민나 라이하 (Minna Raiha) 선생님의 6학년 교실을 방문했다가, 헬싱키에서 2 년간 가르치지 않았다면 그냥 보아 넘겼을 광경을 목격했다. 휴식 시간에 대화를 나누는 중이었는데, 이 베테랑 교사가 내 말을 끊고 "창문 좀 열어야겠어요."라고 말한 것이다. 선생님은 얼른 창가로 가서 신선한 공기가 들어오도록 창문을 열었다. 익숙한 광경이어서 나는 빙긋이 웃었다.

헬싱키의 우리 반 학생들도 곧잘 내 허락을 구하지 않고 교실 창문을 열었다. 때때로 "신선한 공기가 필요해."라는 말이 들렸고, 그러면 학생 중 한 명이 창문 쪽으로 다가갔다. 나는 나중에야 학생들이 왜 그리 자주 공기의 질을 염려했는지 알게 되었다. 과거에 치과 병원이었던 우리 교실은 25명의 학생이 겨우 들어갈 만큼 작았다. 창문을 열지 않으면 학습공간이 갑갑해졌다.

헬싱키의 우리 반 학생들은 나보다 훨씬 더 공기의 질을 예민하게 의식하는 듯했다. 미국에서 가르치던 몇 해 동안, 나는 교실에 신선한 공기가 들어오도록 창문을 연다는 생각을 전혀 하지 못했다. 그것은 아주 사소하고 간단한 행위였지만, 우리 학생들과 민나와 같은 핀란드의 다른 교사들 덕분에 그 중요성을 이해하게 되었다.

연구결과에 따르면, 뇌를 쉬게 하는 일은 실내에서건 실외에서건 유용하다(Walker, 2014). 그런데 내가 이야기를 나눈 핀란드의 학생과 교사들은 대체로 바깥으로 나가서 신선한 공기를 마시는 것을 추천했다. 이러한 철학은 핀란드의 여러 학교정책에서 가장 뚜렷하게 드러난다. 학교정책상, 기온이 영하 15도 이하로 내려가지 않는 한 초등학교 학생들은 바깥으로 나가게 되어 있다. 비 오는 날도 실내에 머무를 핑계가 되지 않는다. 헬싱키에서 가르치던 첫해의 어느 가을날, 수십 명의 아이가 빗속에서 운동장을 뛰어다니는 모습을 보고 약간 충격을 받았다. 핀란드 사람인 장인어른은 "비 좀 맞는다고 사람이 설탕처럼 녹지는 않으니까."라는 말을 입버릇처럼 말씀하신다.

민나가 근무하는 칼레발라종합학교에서는 교사와 학생들이 교실 창문을 열어서 공기를 자연스러운 방법으로 정화하고 있다. "핀란드에는 어떤 공간에 몇 명을 수용할 수 있는지 아주 분명한 규정이 있어요. 당국의 계산에 따라서, 교실의 넓이와 높이에 따라 들어갈 수 있는 학생 수가 정해져 있죠." 민나는 나에게 설명해줬다.

　신선한 공기를 감사히 여기는 것은 학교만의 일이 아니었다. 예를 들어, 헬싱키의 부모들은 얼음이 얼 정도로 추운 날씨에도 유모차에서 잠든 아기를 발코니에 그냥 놔둔다. 그 이유를 물어보면 아기들은 바깥에서 낮잠을 더 잘 자기 때문이라는 답변이 돌아온다. 헬싱키에서는 우리도 막내를 그렇게 키웠는데, 미국에 있을 때는 상상도 하지 못한 일이었다.

　핀란드에서 신선한 공기에 관한 온갖 이야기를 듣다 보니, 교실에서 건강을 증진하고 학습을 개선하는 이 간단한 방법을 나 혼자만 모르고 지냈나 하는 의문이 들었다. 민나에게 신선한 공기가 주는 혜택에 관해 묻자, 민나는 이야기를 나누는 사이에 간단한 과학수업을 해줬다.

　"우리가 숨을 쉬면 이산화탄소를 내뿜게 되잖아요. 그런데 교실 안의 이산화탄소 농도가 너무 높아지면 학습이 사실상 중단돼요. 뇌가 제대로 기능할 수 없으니까요!"

　민나가 알려준 내용은 사무실 노동자들을 대상으로 진행된 연구결과와 어느 정도 일치한다. 20여 명의 전문직 종사자들을 두 방에 나눠서 배치하고 14일간 일하게 했다. 한 방은 일반적인 사무실처럼 공기의 질을 원격으로 조정한 '그린 빌딩(green building)' 상태였고, 다른 방은 그린 빌딩에다 통풍 시설까지 개선한 '그린 플러스 빌딩(green plus building)' 상태였다. 매일 오후, 컴퓨터로 실험 참가자들의 인지검사를 했다. 연구 결과, 두 환경의 실험 참가자들은 공기 질이 보통일 때보다 양질의 공기가 있는 환경에서 유의미하게 높은 점수를 기록했다. '그린 빌딩' 상태일 때의 점수는 평균적으로 61퍼센트 높았고, '그린 플러스 빌딩' 상태일 때의 점수는 101퍼센트 높게 나온 것이다(Higgins, 2015). 이 실험은 실내 사무공간을 모방해서 이뤄졌지만, 연구자들은 다음과 같은 결론을 내렸다. "이와 같은 공기 질에 관한 연구는 가정, 학교, 비행기처럼 인지기능과 의사결정력의 저하가 생산성, 학습, 안전에 상당한 영향을 줄 수 있는 다른 실내환경에서도 이루어져야 한다."(Allen et al., 2016, p.812)

사무직 노동자 대상의 연구결과를 민나에게 이야기해줬더니, 전혀 놀라지 않는 기색이었다. "환경에는 학습에 영향을 주는 요소가 참 많지요."라고 말했을 뿐이었다. 이 책을 쓰면서 나름대로 조사해보니 학습에 영향을 미치는 환경 요인은 몇 가지가 더 있었다. 그중에서 교실 장식, 소음, 어두운 조명, 열악한 난방 등은 이 책에서 다룰 예정이다.

무수한 과학적 증거가 시사하는 바에 따르면, 학생들의 학습과 성취는 그 학습이 일어나는 환경에 깊이 영향을 받는다(Cheryan, Ziegler, Plaut, & Meltzoff, 2014, p.10). 연구자들은 교실의 물리적 환경이 학생들의 학업수행에 어떤 영향을 미치는지 조사했다. 학교의 구조적 설계는 교사의 통제권을 벗어나는 문제이지만, 학생들에게 좀 더 나은 물리적 환경을 만들어주기 위해 교사가 할 수 있는 자잘한 일들이 아직 남아 있다.

다음 목록은 세이지 출판사(Sage Publications)의 2014년 보도자료에서 연구자들이 제시한 몇 가지 권고사항을 바탕으로 작성한 것이다.

- 학생들은 자연 채광에 더 많이 노출될수록 학업수행 능력도 좋아진다. 이 점을 명심하고 교실에서 인공조명을 최소화하라.

- 학습을 위한 최적온도는 20~23도이다. 겨울에 교실 창문을 여는 것이 공기 질에 도움이 될 수는 있지만 기온이 너무 낮으면 학생들의 학업성취에 방해가 될 수 있다.

- 전통적인 취약계층의 교육적 성취를 보여주는 장식물(여성 과학자를 묘사한 포스터 등)은 해당 집단의 학업수행을 높여준다.

- 아메리칸 인디언의 마스코트와 같이 특징적인 상징물을 교실에 전시하면 해당 집단에 속하는 학생들의 자존감을 떨어뜨릴 수 있다.

이런 연구결과를 참고해, 워싱턴대학교 컴퓨터공학과는 컴퓨터실을 포함한 학과 시설들을 새롭게 디자인했다. 그 결과, 교수진과 학생들이 긍정적인 반응을 나타내 학습환경이 더 포용적이고 성과지향적으로 바뀌었다(Sage Publications, 2014). 유치원이나 초등학교도 교실 환경을 조정하여 이와 비슷한 효과를 얻을 수 있다.

06

자연을 가까이하기

교실 안, 교정, 학교 주변을 활용하여 자연과 친해지게 하라

지난봄에 핀란드의 우리 집 뒤쪽에 있는 연못가에서 개를 산책시키다가, 4학년쯤으로 보이는 남자아이 몇 명이 낚시하는 모습을 봤다. 해가 조금씩 길어지면서 점점 더 많은 아이들이 어른들 없이 야외에서 자전거를 타거나 연못에서 수영을 하거나 낚싯대를 들고 다니는 모습이 눈에 띄었다. 그러나 아이들의 이런 모습들이 따뜻한 날씨 탓만은 아니었다. 추운 계절에도 비슷한 장면들을 봤기 때문이다.

겨울철에 나는 집 근처에 있는 커다란 연못 주변을 달리곤 했다. 그 연못은 꽁꽁 얼어 있었다. 그런데 어느 날 아침 50여 명의 아이들이 교사들과 함께 그 얼음 위에서 크로스컨트리 스키(cross-country skiing, 눈 덮인 산이나 들판을 스키와 폴을 이용하여 이동하는 겨울 스포츠-옮긴이)를 타고 있는 광경을 보았다. 아이들은 기껏해야 1학년이나 2학년 정도 되어 보였다. 어떤 날에는 꽁꽁 얼어붙은 그 연못 위에서 십 대 학생들이 교사와 함께 얼음낚시를 하는 모습을 봤다. 또 다른 날에는 그 연못 옆에 있는 언덕에서 학교 수업시간에 초등학생들이 썰매 타는 모습을 봤다. 물론 아이들은 교사들의 허락하에 나와 있었고, 교사들은 아이들을 감독하고 있었다. 나는 그 언덕에서 몇백 미터 떨어져 있는 유치원을 방문한 적이 있다. 그 유치원의 교사들은 가끔 가까운 숲에 가서 학생들에게 수학 개념을 가르친다고 했다.

핀란드 초등학교에서 학생들의 사랑을 받는 프로그램으로 일명 '캠프학교(Camp School)'라는 것이 있다. 5학년이나 6학년생들이 교사들과 함께 자연 속에서 며칠간 머무는 행사이다. 캠프학교를 위해 나는 학생들과 헬싱키에서 버스로 한 시간 반 거리에 있는 어떤 체육 수련관에 갔고, 거기서 여러 가지 재미있으면서도 체력적으로 힘든 활동을 함께했다. 작년에 민나 라이하 선생님은 6학년 학생들을 몇 차례나 캠프학교 행사에 데려갔다.

내 경험에 따르면 핀란드 교사들은 아이들을 어떻게든 교실 밖으로 나가게 하려고 한다. 리처드 루브(Richard Louv)는 『자연에서 멀어진 아이들(Last Child in the Woods)』(2008)에서 환경중심의 교육을 장려하는 이 북유럽 국가를 칭찬한다. 핀란드는 "교실 경험 중 상당 부분을 자연환경이나 주변 지역사회로 옮겨놓았다"(p.205). 리처드 루브는 아이들과 자연 사이에 크게 벌어진 간격을 알리고자 '자연결핍장애(nature-deficit disorder)'라는 신조어를 만든 사람으로 잘 알려져 있다(Louv, 2011). 루브는 자연결핍장애라는 관점에서 미국도 핀란드처럼 환경중심의 교육을 위해 노력해야 한다고 제안한다(Louv, 2008).

처음에 나는 '자연을 가까이하기'라는 전략을 집어넣어야 하나를 놓고 주저했다. 너무 핀란드 중심의 전략이 아닌가 싶었던 탓이다. 핀란드에서는 자연을 즐기고 탐험하기가 비교적 쉽다. 위성사진을 찾아보면 핀란드는 100퍼센트 가까이 나무와 호수로 뒤덮여 있다는 사실을 알게 된다. 나는 세계의 교육자들, 특히 도심지 학구에서 가르치는 교사들이 이러한 전략을 현실적으로 활용할 수 있을까 의구심이 생겼다. 하지만 정기적으로 자연과 친해지는 것은 모두에게 꼭 필요하다. 한번은 헬싱키에 있는 숲속 유치원을 방문한 적이 있다. 이 유치원에서는 5~6세 아이들이 매일 4시간 정도를 바깥에서 보냈다. 그 후 나는 이런 방식이 주는 이점을 이해할 수 있도록 도와달라며 루브에게 이메일을 보냈다.

루브는 "연구결과가 강력히 시사하는 바와 같이, 자연에서 보내는 시간은 많은 아이가 자신감을 기르게 도와주고, 주의력결핍 과잉행동장애(Attention Deficit Hyperactivity Disorder, ADHD) 증세를 완화하며, 아이들을 차분하게 하고, 주의집중을 도와준다."라고 답변을 보내왔다. 그리고 "자연 속 놀이공간은 약자를 괴롭히는 행동을 줄여준다는 보고도 있다. 또한, 아동비만과 과체중의 완충지대 역할을 하고, 심리적·육체적 건강에 이점을 제공한다." 라고 설명했다(Walker, 2016a).

인지기능 향상은 오래전부터 자연기반학습(nature-based

learning)과 상관관계가 있다고 여겼다. 최근의 예로 매사추세츠주에서 초등학생 900명 이상을 대상으로 시행된 6년간의 연구를 들었다. 연구자들은 "학교 주변이 푸르게 물드는 봄날에 매사추세츠주 표준화시험이 치러지는데, 이러한 환경과 학교 전체의 영어 및 수학 성적 사이에 상관관계가 있음"을 발견했다. 이와 같은 관계는 "사회경제적 요인 및 도심지 거주라는 변수를 고려한 후에도 똑같이 나타났다."(Walker, 2016a)

숲에서 보내는 시간이 모든 어린이에게 "만병통치약은 아니지만" 숲속 유치원과 같은 것은 "특히 자신이 조절할 수 없는 상황 때문에 스트레스를 받는 아이들에게 엄청난 도움이 된다."(Walker, 2016a). 『자연에서 멀어진 아이들』에서 지적하듯이 환경중심의 교육이라는 개념은 전혀 새로운 것이 아니고 100년 이상 존재해 왔다. 존 듀이(John Dewey)는 1899년 『학교와 사회(The School and Society)』에서 이미 이와 같은 개념을 지지했다. "(학교 밖에서의) 경험에는 지리적·미적·문학적·과학적·역사적 측면이 있다. 모든 학문은 지구와 그 위에 사는 생명에서 비롯된다."(Louv, 2008, p.203) 하버드대학교의 교육학 교수이자 다중지능이론(multiple intelligence theory, 인간에게는 다양한 지능이 있다는 교육이론으로 언어, 논리수학, 공간, 대인관계, 신체운동, 자기성찰, 자연친화, 음악 등 8개의 지능을 주장함-옮긴이)을 발전시킨 하워드 가드너(Howard Gardner)는 그의 목록에 또 하나의 지능을 추가했는데, 그것이 바로 '자연지능(natural intelligence)'이다(Louv, 2008).

많은 교사, 특히 도심지 학교 교사가 아이들을 크로스컨트리 스키나 얼음낚시에 데려가는 것은 실현 가능성이 떨어진다. 그렇다면 교사들은 어디서부터 시작해야 할까? 학생들을 야외로 데려가려 할 때는 비교적 낮은 단계의 투자에서부터 높은 단계의 투자까지, 여러 층으로 나눠 생각해야 한다.

첫 번째 단계는 자연을 교실 안으로 가져오는 것이다. 교육과정에 따라 가능성은 무궁무진하다. 예를 들어, 나는 미국 초등학교에서 과학적 연구방법에 대해 가르칠 때 교실 구석구석에 감자를 심어 싹을 틔웠고, 개구리의 일생에 대해 가르칠 때는 올챙이를 키웠으며, 인근 연못에서 떠온 물을 현미경으로 들여다봤다.

두 번째 단계는 어떤 수업 전체나 일부를 위해 교실 밖으로 나가는 것이다. 운송이나 이동 문제를 고려한다면 현장학습에 대한 사전준비가 필요 없는 형태가 가장 바람직하다. 물론 본격적인 견학(가벼운 산행이나 수목원 방문 등)이 좋기는 하지만, 교사 입장에서 신경 써야 할 부분이 상당히 많다. 학교 운동장을 거점으로 삼는 것은 계획에 시간을 별로 들이지 않으면서 학생들이 정기적으로 자연과 상호작용을 하는 데 효과적인 방법이다. 내가 보스턴 지역에서 초등학생들과 가끔 했던 몇 가지 활동이 있다. 학교 운동장에서 볼 수 있는 자연물(돌, 솔방울, 깃털 등)을 관찰하고 궁금한 점을 과학일지에 기록하기, 학교 주변의 야생 생물을 디지털 카메라로 찍어서 그 사진을 온라인 휴대용 도감에 올리기, 썩어가는 나뭇잎이나 커다란 돌멩이 같은 자연물을 수집해 올챙이 서식지 꾸며주기 등이었다. 학교에서 걸어갈 만한 거리에 유용한 자연 명소가 있는지 한번 생각해보자. 보스턴 지역에서 근무하던 학교는 800미터 정도 떨어진 곳에 연못이 있었는데, 그곳에서 우리는 정원을 가꾸고, 야생 생물을 기록하고, 사진을 찍어 디지털 휴대용 도감에 올리고, 연못 주변 사물의 표본을 채취해 교실에서 연구하고, 수학과 과학 수업을 위해 다양한 종류의 고무 오리들을 물 위에 띄워 경주시켰다.

세 번째 단계는 프로젝트 형태로 교정을 녹지화하는 것이다. 루브에 따르면 "학교는 나비정원, 새 모이통과 목욕통 만들기, 나무 심기와 토종식물 가꾸기부터 시작해 연못이나 오솔길 만들기, 개울 복구하기 등 점차 더 큰 규모의 프로젝트를 진행할 수 있다."(2008, p. 219) 나는 여러 해 전에 매사추세츠주 도심에 있는 학교에서 근무한 적이 있다. 그 학교에서는 한 2학년 담당교사가 반 전체 아이들에게 커다란 학교정원을 만들고 관리하게 했다. 이 일은 그 선생님과 어린 학생들에게 큰 기쁨이자 건강한 자부심의 원천이 되었다. 또 다른 학교에서는 어느 선생님이 우리 교실 창밖에 새 모이통을 걸어준 덕분에, 반 학생들이 일 년 내내 새들을 관찰하고 식별할 수 있었다. 날짐승에 대한 열의는 굉장했고, 아이들은 거기에 고무되어 더 의욕적으로 읽고 쓰고 배웠다.

교사가 거창한 노력을 기울여야만 환경중심 교육의 혜택을 거둘 수 있는 것은 아니다. 작은 발걸음을 내딛는 것만으로도 교실과 자연을 연결하는 데서 오는 기쁨을 맛볼 수 있다.

마음챙김

평온한 분위기 속에서 규칙적으로 마음챙김 활동을 하라

동부 핀란드에 있는 하파니에미초등학교를 방문한 적이 있다. 교장인 유시 쿠콜라(Jussi Kukkola) 선생님은 나에게 수업 중인 교실을 두 곳 정도 간단히 시찰시켜줬다. 나는 거기서 놀라울 정도로 차분한 느낌을 받았다. 교사와 학생들 모두 느긋하고 서두르는 기색이 없었다. 신발을 벗고 공부 중이어서 더 그렇게 보이기도 했다(미국과 달리, 핀란드인은 전통적으로 가정과 학교에서 신발을 벗고 생활한다). 교장 선생님은 2016년 가을부터 최신 국가핵심교육과정의 시행에 발맞춰 새로운 규율을 도입할 예정이라고 설명했다. 첫 번째 규율은 안전이었다. 이 규율의 목적은 '평온한 학교환경을 만드는 것'이라고 했다.

그 말은 충격적이었다. 이 핀란드 학교는 교사와 학생들에게 차분한 분위기를 제공한다는 측면에서 이미 탁월해 보이는데, 교장 선생님은 그것이 학교의 최우선순위로 유지되어야 한다고 말하고 있었다. 미국에서 엄격한 기강을 확립하겠다거나, 프로젝트 기반의 학교를 추구하겠다거나, 높은 성취도를 목표로 하겠다는 이야기는 들어봤지만 학교가 평온한 환경을 유지하는 것이 목표라니! 나로서는 신선한 이야기였다.

핀란드에서 다른 교실을 방문했을 때도 이와 비슷한 평온한 분위기를 느낀 적이 있다. 이런 공통적인 특징을 알아본 사람이 나만은 아니었다. 헬싱키의 우리 학교에는 외국 손님들이 자주 방문했는데, 이곳 아이들이 매우 느긋하고 스트레스가 없는 환경에서 학습하는 것 같다는 평은 한결같았다. 이 같은 평온함이 핀란드 학생들이 효율적으로 학습하고 국제학업성취도평가(PISA)와 같은 시험에서 우수한 성적을 내는 주된 이유라고 나는 믿는다. 핀란드의 최신 교육과정은 "평온하고 친근한 학업 분위기와 차분하고 평화로운 기분이 학습에 도움이 된다."라고 언명하고 있다(Finnish National Board of Education, 2016, p.31).

평온함에 대한 존중은 핀란드어에도 분명히 나타난다. 예를 들면 사우나라우하(saunarauha, 사우나 평화), 루오카라우하(ruokarauha, 식사 평화), 율루라우하(joulurahua, 크리스마스 평화)처럼 마음이 평온해야 하는 순간을 나타내는 단어가 여러 개 있다. 고요함에 대한 감사는 특히 핀란드의 독립기념일 축하 방식에서 여실하게 드러난다. 많은 군중이 모여서 펑펑 터지는 불꽃놀이를 바라보는 미국의 독립기념일과 달리, 핀란드인들은 독립기념일에 집에서 조용히 촛불을 켜고 전사한 병사들을 추모한다.

미국의 교실에서는 교사가 말을 적게 하고 학생들이 좀 더 적극적으로 학습에 나서게 해야 한다는 건전한 압박을 느껴왔다. 예를 들어 학생들이 서로 이야기를 나누면서 각자의 생각을 정리하는 '돌아앉아 이야기 나누기(turn and talk)'는 미국에서 자주 활용되는 수업전략으로 꼽힌다. 그런데 적극적인 학습을 추구하는 이런 경향 때문에, 많은 미국 학생들이 교실에서 중요한 침묵의 순간을 놓치는 것은 아닌지 의구심이 든다. 조용히 작업하는 모습은 적극적인 학습으로 인정받지 못할 수도 있다. 하지만 핀란드 교실에서의 조용하고 차분한 수업 풍경을 관찰하면서 나는 지혜를 발견했다. 그곳에서는 아이들이 독립적으로 작업을 완수하면서 조용히 학습할 수 있는 시간이 길게 주어진다.

최근에 나는 이런 침묵의 중요성을 보여주는 연구들을 우연히 접하게 되었다. 수십 년 전 오레곤대학교 연구팀은 비슷한 단어 사이의 차이를 식별하는 능력과 글 읽는 능력에 거주환경의 소음도가 어떤 영향을 미치는지 연구했다. 실험 결과, 집안환경이 시끄러울수록 아이들이 비슷한 단어를 식별하고 능숙하게 읽는 능력이 떨어진다는 사실을 발견했다. 그리고 최근 위스콘신대학교 연구팀이 비슷한 실험 결과를 내놓았는데, 교실에 시끄러운 배경음악이 있을 때 아주 어린아이들은 새로운 단어 습득을 힘들어했다(Khazan, 2016).

《애틀랜틱(Atlantic)》의 전속 기자인 올가 카잔(Olga Khazan)은 자신의 논문 「How Noise Pollution Impairs Learning(소음공해는 어떻

게 학습을 방해하는가)」(2016)에서 유아 106명을 대상으로 한 연구에 대해 다음과 같이 설명했다.

두 살배기 아이들에게 교사의 목소리보다 5데시벨 혹은 10데시벨 낮은 배경소음이 있는 상태에서 의미 없는 단어 두 개를 가르쳤다. 아이들은 배경소음이 조용할 때는 그 단어들을 성공적으로 익혔으나, 시끄러울 때는 익히지 못했다.

카잔은 조금 더 나이가 많은 유아들을 데리고 실시한 두 번째 실험에서도 결과는 같았다고 밝혔다. 세번째 실험에서는 학습환경이 시끄럽지 않을 때 새 단어를 처음 접했던 아이들만이 시끄러운 배경소음에 노출된 상태에서도 새 단어의 정의를 습득할 수 있었다.

나이가 더 많은 아이들의 학습에 소음이 어떤 영향을 미치는지 탐구하려면 추가 연구가 필요하지만, 지금까지의 연구결과는 교실의 배경소음이 학생들의 학습에 영향을 미칠 수 있음을 암시한다. 이러한 결과를 토대로 나는 우리 교실이 학생들에게 평온한 장소가 되도록 노력하고 있다.

평온함을 지키는 전략은 차분한 학습환경을 제공함으로써 교실에 있는 모두의 웰빙(well-being)을 증진하는 방법이다. 배경소음이 없는 차분한 분위기일 때 학생들은 스트레스를 받지 않고 공부할 수 있다. 다음은 평온함을 지키기 위해 실천 가능한 몇 가지 방안이다.

앵커 차트(Anchor chart) : 교사와 학생들이 함께 규칙을 만드는 것이 합리적인 출발점이다. 나는 미국 학교에서도 핀란드 학교에서도 교실에서 지켜야 할 규칙목록을 학생들과 함께 작성했다. 이때 반응적 교실(responsive classroom, 사회성과 감성이 학업성취에 미치는 영향에 주목하는 학생중심 교수법-옮긴이) 접근법의 지침을 참고했다. 절차는 간단하다. 대개 학기가 시작되고 나서 첫 주 혹은 둘째 주에 학급이 공유하는 기대치에 대한 아이디어를 모은다. 그리고 기다란 규칙목록을 줄이고 줄여서 몇 가지 아주 중요한 규칙을 추려내도록 지도한다. 그러면 대개 '자기 자신을 존중한다', '다른 사람을 존중한다', '환경을 존중한다'와 같은 세 가지 정도로 압축된다. 세 가지 규칙만 나열해두면 기억하기가 쉽기는 하지만, 앵커 차트(anchor chart, 수업과 관련된 내용이나 행동지침을 학생들이 쉽게 참고할 수 있도록 포스터 형식으로 만든 차트로서 '닻(anchor)'처럼 단단하게 고정시켜준다는 의미의 수업 도구-옮긴이)를 함께 만들어 규칙을 조금 더 구체적으로 만드는 편이 좋다. 초등학교 고학년도 마찬가지다. 앵커 차트의 목적은 특정한 목표를 달성하기 위해 학생 개개인이 취할 수 있는 구체적인 행동을 서술하여 교실에서의 기대치를 명확하게 해두는 것이다. 기대치의 예로는 경청하기, 혹은 이 전략의 경우처럼 평온한 학습환경 지키기 등이 있다.

학생들과 앵커 차트를 만들기 위해서는 10분에서 15분 정도의 토의시간, 종이 한 장(혹은 포스터 보드), 필기구가 필요하다. 종이에 기록할 항목은 간단명료하다. 종이의 제일 위에 달성하고자 하는 목표를 쓰고, 그 아래에 몇 개의 질문을 또박또박 적으면 된다. 이 질문이 토의의 길잡이가 될 것이다. 교사는 세션 내내 학생들에게서 아이디어를 구하고, 답변을 받아 적는다. 이 활동의 목적은 학생들이 평온한 학습환경의 특징을 규정하게 하는 데 있다. 일단 앵커 차트가 완성되면 교사와 학생들은 일 년 내내 그것을 참조할 수 있다. 예를 들면 다음과 같다.

평온한 교실

평온한 교실은 어떤 모습일까?

학생A :
"지저분하지 않아요.
잘 정리되어 있어요."

평온한 교실은 어떤 소리가 날까?

학생B :
"조용해요."

평온한 교실은 어떤 느낌일까?

학생C :
"아늑해요."

소음 측정기 : 규칙과 앵커 차트를 통해 평온한 학습환경을 둘러싼 공동의 기대치를 만드는 것도 중요하지만, 학생들이 잘 실천하고 있는지 지속적인 피드백을 주는 것도 중요하다. 배경소음을 줄

이는 문제에 관해서는 더욱 그렇다. 아이디어 하나를 내자면 학생들이 손수 만든 소음 측정기를 교실 앞에 잘 보이게 전시해두는 것이다. 그러면 교사와 학생들은 정기적으로 교실의 소음 수준을 가늠할 수 있다. 내 경험에 비추어 보면, 교사는 소음 수준을 규제하는 역할을 맡으려는 유혹이 들기 쉬운데, 학생들이 주인의식을 갖도록 해주는 게 바람직하다. 교사가 개입하기 시작하면 학생들은 자신들이 너무 시끄럽게 굴면 교사가 나서겠거니 하며 의존하게 되어 스스로 조절하는 법을 배우지 못한다.

균형 맞추기 : 여러 가지 작업이 독립적으로 진행되는 핀란드 교실의 조용함을 높이 평가하지만 모든 학생이 정기적으로 아이디어를 토의하고 협업할 필요도 있다. 균형을 맞추는 방법은 두 가지 기회를 다 주는 것이다. 예를 들어, 학생들이 자기 책상에서 조용히 작업하되, 어떤 아이디어에 대해 토의할 필요가 있거나, 피드백을 받거나, 다른 학생과 협업할 필요가 생길 때에는 교실에 별도로 마련된 공간으로 가서 진행하도록 지도하면 평온함을 깨뜨리지 않을 수 있다.

* * *

오늘날 전 세계 교실에서 가장 뜨거운 유행 중 하나는 '마음챙김(mindfulness)'을 실천하는 것이다. 이 방법에 관해 처음 들었을 때 나는 회의적이었다. 솔직히 말하자면 속임수에 가깝다고 생각했다. 그런데 이 접근법의 장점에 관해 더 많이 읽게 되고, 수업시간을 상대적으로 조금만 투자해도 된다는 점 때문에 어느 교실에서든 실행해볼 가치가 있다고 생각하게 됐다. 어맨다 모레노(Amanda Moreno)에 따르면, 마음챙김 훈련은 아이들이 주의집중을 유지할 수 있게 도와주고, 감정이 동요되는 일이 생기더라도 보다 빨리 안정을 되찾고 수업시간을 수월하게 넘기게 해줬다(Deruy, 2016). 한 연구에 따르면, 초등학교에서는 마음챙김 프로그램을 이수한 어린이들이 다음과 같은 특징을 나타냈다.

(a) 스트레스의 생리적 반응(stress physiology)과 인지조절(cognitive control) 면에서 더 나은 능력을 보였고, (b) 감정이입, 조망수용(perspective-taking, 타인의 입장이나 관점을 헤아려 이해하는 능력-옮긴이), 감정조절, 낙관주의, 학업성취에 관련된 자아개념, 마음챙김 면에서 더 뛰어났고, (c) 스스로 보고한 우울 증상과 또래가 평가한 공격성이 더 낮았으며, (d) 또래에게 보다 친사회적이라는 평가를 받았고, (e) 또래수용(peer acceptance, 또래집단에 받아들여지는 정도-옮긴이) 혹은 사회관계를 측정하는 인기도가 높았음(Schonert-Reichl et al., 2015, p.52).

로렌 카사니 데이비스(Lauren Cassani Davis, 2015)는 《애틀랜

틱》에 이렇게 썼다. "마음챙김이라는 용어는 1970년대에 생물학자 존 카밧진(Jon Kabat-Zinn)이 처음 소개했는데, '판단을 삼가는 태도로, 현재 순간에 의도적으로 주의를 기울이는 마음의 상태'라고 했다. 그러나 마음챙김은 사실 세속 철학이며, 수천 년 불교명상의 전통을 각색한 일련의 기교이다……."

교실 환경에서 마음챙김 훈련은 다양한 형태로 할 수 있지만, 대개 몇 분 또는 몇 초 만에 끝난다. 뉴욕시의 고등학교 교사 아르고스 곤잘레스(Argos Gonzalez)는 영어수업 시간에 5분간의 마음챙김 휴식을 집어넣는다. 이때 학생들은 자기감정의 정신적 이미지를 떠올려보거나 들숨과 날숨에 주의를 기울이는 등의 활동을 한다(Davis, 2015). 퍼트리샤 제닝스(Patricia Jennings)는 『Mindfulness for Teachers(교사를 위한 마음챙김)』(2015)에서 모든 학생에게 적용할 수 있는 간단한 활동을 몇 가지 제안했다. 저자는 이러한 활동이 "자기인식을 증진하고, 인지·정서·행동적 자기조절력을 갖게 하며, 스트레스를 줄이기 위해 사용될 수 있다."라고 설명했다(p.176).

*   *   *

제닝스에 따르면, 가장 흔히 사용되는 마음챙김 훈련은 '마음챙김 듣기(mindful listening)'로, 종(bell) 하나만 준비되어 있으면 쉽게 할 수 있다. 이 훈련은 점심시간 이후 수업에 복귀할 때나 수업 종료 직전과 같이 주의를 전환해야 하는 상황에서 실시하면 특히 유익하다. 제닝스는 마음챙김 듣기를 지도할 때 다음과 같이 설명하라고 교사들에게 권한다.

> "이제 우리는 마음을 느긋하게 하고 집중하는 데 도움이 되는 듣기활동을 할 거예요. 우선, 모두 허리를 세워 올바른 자세로 앉고, 손은 깍지를 낀 채 무릎 위에(혹은 책상 위에) 올려놓으세요. 몇 분 뒤에 선생님이 이 종을 울릴 텐데, 그 소리가 사라질 때까지 귀를 기울이세요. 선생님이 해보니 눈을 감으면 더 집중해서 들을 수 있었어요. 눈을 감아도 좋고, 눈 감는 게 편안하지 않으면 시선을 내리깔고 손을 바라봐도 괜찮습니다"(p.177).

모든 학생이 준비된 것 같으면 교사는 종을 울리고, 종소리가 멈추면 수업을 시작한다(Jennings, 2015).

학생들의 전환을 돕는 효과적인 마음챙김 기반의 활동으로 제닝스가 추천하는 또 한 가지 방법은 '마음챙김 걷기(mindful walking)'이다. 이 활동은 체육관이나 운동장처럼 돌아다닐 공간이 충분히 있을 때 하면 좋다. 교사는 다음과 같이 시작하면 된다.

> "오늘 우리는 걸음걸이에 주의를 기울이는 연습을 해볼 거예요. 먼저 선생님이 걷는 방법을 보여줄게요." 이렇게 말하고

나서 천천히 걷는 시범을 보이되, 체중이 어떻게 발뒤꿈치에서 발바닥 앞쪽의 동그란 부분, 그다음에 발가락으로 옮겨가는지를 설명하라. "발바닥으로 느껴지는 몸무게에 주의를 기울이세요." 학생들이 모두 같은 방향을 향하게 하고, 원을 그리며 천천히 걷게 한다. 몇 분 뒤 동작을 멈추게 하고 기분이 어떤지를 묻는다. 학생들은 천천히 걷는 게 쉬운 일이 아니라고 느꼈을 수 있다(p.178).

제닝스는 학생들이 이런 마음챙김 활동에 능숙해지면 "일과 속에 끼워 넣으라."라고 권한다. 그럼으로써 "모든 사람이 하루 중 조용하게 마음을 진정시킬 수 있는 규칙적인 여유가 만들어진다."(p.176)

Belonging

소속감을 높이는
수업 테라피

학생지원팀

학생과 교사를 지원할 전문가팀을 조직하라

연구(Pinker, 2016)에 따르면 행복의 주요 요소 중 하나는 소속감(belonging)이다. 소속감이란 교사가 학생들하고만 공유할 수 있는 것은 아니다. 교사는 학교 안팎의 다른 성인들과의 관계에서도 소속감을 경험할 수 있어야 한다. 이번 장에서는 교사와 학생 간의 관계를 강화하는 데 초점을 맞춰 6가지 전략을 소개할 것이다. 그 전에 먼저 교사를 지탱해주는 성인 공동체를 구축하는 것이 중요하다는 점을 강조하고 싶다. 이것은 내가 번아웃 상태가 되었던 해에 터득한 교훈이다.

잘 가르쳐보겠다고 밤낮없이 애쓰던 당시에, 나의 인간관계는 엉망이 되었다. 동료, 친구, 심지어 가족과의 관계도 마찬가지였다. 나의 우선순위는 관계(relationship)에 있지 않았다. 사람들에게 시간과 노력을 들이는 일이 드물었고, 결과적으로 일 속에서 고립감을 느꼈다.

그 당혹스러웠던 휴직에서 돌아오고 나서야 내가 사람들과의 단절로 얼마나 많은 것을 놓치고 있는지 깨달았다. 그 후 인간관계에 시간을 투자하기 시작했고, 점차 소속감을 되찾을 수 있었다.

헬싱키 학교에서 나는 동료들이 서로와의 관계에 우선순위를 두는 모습을 목격했다. 미국 학교에서는 본 적이 없는 방식이었다. 이런 현상이 나타나게 된 주된 이유는 아마 수업 일정의 차이 때문일 것이다. (핀란드 교사들은 하루 근무시간이 짧고 휴식시간이 자주 있어서 동료교사들과 만날 수 있는 자유시간이 더 많다.) 또한 가르치는 일을 공동작업이라고 보는 특별한 태도와도 관련 있다고 생각하는데, 이에 대해서는 이 책의 후반부 '30.동료교사와의 협력' '31.전문가 초청하기'에서 자세히 이야기하려 한다.

가르치는 일은 외로운 일이라고 말하는 미국 교사들을 만난 적이 있다. 교사는 학생들과 많은 시간을 보내느라 다른 성인들과는 시간을 보낼 일이 거의 없다는 뜻에서 나온 말이었다. 하지만 이 말은 핀란드 학교의 현실과는 맞지 않다. 핀란드 교사들은 학교에서 많은 시간을 함께 보내면서 모범사례를 공유하고 문제를 해결하고 우정을 키워가기 때문이다.

매일 수업을 끝낸 후 재충전하기로 마음먹었다면, 그리고 소속감이 행복과 교육에 긍정적인 효과를 미친다는 점을 인식했다면, 정기적으로 자유시간의 일정 부분을 다른 성인들과의 관계 유지에 투자해야 한다. 이제 나는 교실에서 수업준비를 하느라 점심식사를 건너뛰는 일이 없다. 대신에 정기적으로 동료들과 점심식사를 같이 먹고, 오후 늦게 친한 친구와 통화를 하고, 아이들이 잠든 후에 아내와 차를 마신다.

다른 성인들과의 관계 유지에 시간을 사용하는 일 말고도, 헬싱키의 우리 학교를 비롯해 핀란드 전역에서 시행되고 있는 일을 교사들이 시도해보면 좋겠다. 그것은 '학생지원팀'과의 만남이다. 핀란드 교사들은 필요에 따라 교장, 간호사, 사회복지사, 심리학자, 특수교육 교사 등 다른 전문가들과 한자리에 모여 담당 학급과 관련한 요구사항에 대해 이야기를 나눈다. 내가 학교의 학생지원팀과 첫 만남을 갖기 전에 한 핀란드인 동료교사는 이 관행을 높이 평가하면서 회의가 끝날 때쯤에는 학급 학생들을 혼자 책임지고 있다는 느낌에서 벗어나게 될 것이라고 말해줬다.

회의 전에 나는 우리 반 학생들에게 간단한 설문조사를 마쳤다. 학생들에게 학업적·사회적 욕구에 관한 몇 가지 질문을 했고, 회의 참석자들에게 그 설문지 사본을 나눠줬다. 동료들이 설문지를 조용히 훑어보는 동안, 교장 선생님이 내게 몸을 돌려 물었다. "그래, 지금까지 수업은 어때요?" 이전에도 교장 선생님이 내 수업에 관해 물어보신 적이 있지만, 이번에는 특별한 의미가 담긴 것처럼 느껴졌다. 아직 학기가 시작된 지 얼마 되지 않았고(10월), 그 방에는 다양한 전문가들이 나를 둘러싸고 앉아 내 통찰을 경청하고 반응할 준비가 되어 있었다. 교장 선생님은 우리 반 아이들의 요구사항이 더 잘 처리될 수 있도록 수업을 돌볼 책임을 분담해줄 것을 요청했다. 회의가 끝날 때쯤 우리는 몇 가지 명확한 실행 방침에 합의했다. 동료교사가 말했던 대로, 나는 혼자가 아니라는 느낌을 받으면서 회의를 마칠 수 있었다. 그날 저녁에 학교 이메일을 확인했더니 다른 교사가 보낸 메시지가 와 있었다. 우리 반 학생들 사이에서 일어난 좀 염려스러운 사건을 알려주는 내용이었다. 메일을 읽고 조금 당황스러웠지만, 이제는 뭘 해야 할지 알 것 같았다. 다음 날 아침, 나는 학교에 상주하는 사회복지사를 찾아가 조언을 구했다. 사회복지사는 몇 분간 시간을 내줬고, 우리는 첫 일대일 회의를 했다. 동료들과 큰 책임을 나눈다는 게 어떤 것인지가 내 안에 명확하게 자리를 잡는 순간이었다.

헬싱키에서 나는 '우리 반 아이들에게 어떤 도움이 필요할까' 하는 시선으로 학급을 바라보기 시작했다. 우리 반은 그냥 '나'의 학급이 아니라 '우리'의 학급이었다. 고립감을 느끼는 미국 교사가 많다는 건, 미국 학교가 다른 전문가들과 연결망을 좀 더 구축할 필요가 있다는 신호인지 모른다. 핀란드 학교에서 학생지원팀이 정기적인 회의를 통해 여러 문제를 함께 해결하듯이, 우리 교사들도 비슷한 방법을 시도해볼 수 있다.

너무 번거롭지 않은 선에서 일 년에 한두 번 정도, 전문가들로 이루어진 신뢰할 만한 소그룹을 만들어서 간단한 회의를 하고, 학급의 학업적 요구와 사회적·정서적 요구에 대해 토의하면 어떨까? 이것은 마치 매년 정기적으로 병원에서 건강검진을 받는 일과 비슷하다. 나도 배운 것이지만 특히 학기 초에 자신의 교실을 외부인의 관점에서 바라보는 것은 대단히 가치 있는 일이다.

학교 외부에서 학생지원팀을 꾸리고 싶어 하는 교사들도 있다. 이것도 좋은 방법이라고 생각한다. 단, 학생들에 관한 이야기인 만큼 그들의 사생활은 지켜줘야 한다. 학생들의 사생활은 아이들의 이름을 익명으로 처리만 해도 충분히 지켜줄 수 있다.

가르치는 기쁨을 누리는 데에 관심이 있다면 개인적인 소속감을 키우는 과정이 꼭 필요하다. 그리고 내 예감으로는 동료교사들과 강한 유대감을 유지하는 교사라면 교실에서 강한 소속감을 강화하기 위한 전략을 실행하기가 더 쉬울 것 같다. 계속해서 그 전략을 자세히 살펴보자.

09

교사와 학생 간의 친밀감 쌓기
점심시간, 휴식시간을 적극 활용하라

핀란드의 초등학교에서는 한 교사가 1년 이상 같은 학생들을 맡아서 가르치는 경우가 흔하다. 헬싱키 학교에서 내가 맡았던 5학년 학생들은 1학년 때부터 4학년 때까지 같은 교사를 담임으로 두었던 아이들이었다. 그래서 새 학년이 시작된 초기에 나는 담임교사와 학생들 간의 친밀감이 매우 깊다는 사실을 확인할 수 있었다. 학기가 시작된 첫날, 나는 카페테리아에서 우리 반 5학년 학생들 여럿이 그 선생님과 웃고 포옹하는 모습을 보았다.

이 학생들과 2년 동안 함께 생활하면서, 이와 같은 핀란드식 관행의 지혜를 더욱 잘 이해하게 되었다. 6학년에 올라간 아이들을 다시 가르치게 되었을 때, 나는 우리 교실에서 건전한 기대치와 일상이 금세 자리를 잡아가는 모습에 깊은 인상을 받았다. 뿐만 아니라 같은 아이들을 1년 더 가르치게 되면서, 내가 아이들을 독특한 개인으로 알아가는 것이 우리 교실에 즐거움을 가져다줬고, 나의 가르침과 그들의 배움에도 큰 도움이 되었다. 교사로서 우리는 학생들을 잘 알게 되기까지 시간이 걸린다는 것을 알고 있다. 그런데 전 세계의 많은 교사가 학생들과 돈독한 친밀감을 쌓았다고 생각되는 시점, 즉 매 학년 말이 되면 학생들과 영원한 작별을 고해야 하는 처지에 놓인다. 미국에서는 핀란드처럼 교사가 학생들과 함께 한 학년 위로 올라가서 그들을 맡는 일은 드물다. 하지만 강력한 교사-학생 관계를 더 빠르게 구축할 수 있는 간단한 방법이 있다.

그중 하나는 내가 핀란드에서 처음 실행해본 것으로, 교실문 앞에 서서 들어오는 아이들의 이름을 불러주며 인사를 나누는 간단한 방법이다. 서로 주먹을 부딪치거나, 악수하거나, 하이파이브 하는 것도 좋다. 몇몇 아이들은 가끔 장난스럽게 나를 피해 몰래 들어가려고 시도하는데, 그게 또 우리만의 재미있는 이야깃거리가 되곤 했다. 이와 같은 일상을 통해 교사는 학생 한 명 한 명에게 관심을 줄 수 있고, 우리가 그들을 한 무리의 학생들이 아니라 개개인으로 바라보고 있다는 신호를 보낼 수 있다. 문 앞에 서서 인사하는 짧은 시간 동안, 나는 학생의 새로운 헤어스타일을 칭찬한다든지, 그들이 참여한 스포츠 행사에 대해 묻기도 했다. 이런 것들은 "내가 너를 지켜보고 있어."라고 알려주는 소소한 방법이다. 하루 수업을 끝낼 때도, 나는 아침과 같은 방법으로 마무리하려고 노력했다. 그래서 아이들에게 유쾌하게 작별인사를 하려고 교실 문간에 설 때가 많았다.

미국의 많은 초등학교 교사들은 모닝서클(morning circle)에 시간을 할애한다. 모닝서클은 학급 아이들이 옆 사람과 악수를 하거나 단체로 노래를 부르는 등 다양한 방식으로 인사를 나누는 시간이다. 나는 교직에 들어섰을 때부터 모닝서클을 수업에 사용해왔을 정도로 이 활동을 강력히 지지하는 사람이지만, 학생 한 명한 명과의 관계를 만들어가는 데도 매일 집중해야 한다고 생각한다. 특히 모닝서클은 교사와 학생의 개인적인 관계를 강화하기보다는 교실에서 즐거운 공동체 분위기를 촉진하는 데 효과적인 활동이다. 내가 핀란드에 와서 실행한 또 한 가지 방법으로 '학생들과 점심을 같이 먹기'가 있는데, 개인적인 유대감을 쌓는 데 도움이 되었다. 헬싱키의 학교에서는 점심시간 동안 교사들이 학급을 감독하게 되어 있어서 학생들과 점심을 같이 먹기가 어렵지 않았다. (미국 공립학교의 경우에는 아이들의 점심식사를 지도·감독하는 별도의 인력이 학교 급식실에 상주하고 있어 담임교사가 급식실에서 같이 식사하는 경우가 드물다-옮긴이) 하지만 조금 의도성을 부여할 필요가 있었다. 교사들은 점심시간에 다른 교사들과 같이 앉거나 학생 몇 명과 한 테이블에 앉았는데, 나는 이 두 가지 방법을 교대로 하려고 노력했다. 동료들과의 관계뿐만 아니라 반 아이들과의 관계에도 시간을 투자하는 것이 중요하다는 걸 알게 되었기 때문이다. 비록 내 점심시간은 20분밖에 되지 않았지만, 학생들과 가벼운 대화를 나누기에는 충분한 시간이었다. 우리는 가끔 농담을 주고받았고, 취미나 관심사에 관해서도 이야기를 나누었다. 때로는 학생들로부터 미국 생활에 관한 질문도 받았다.

우리 반 스물다섯 명이 한 테이블에 다 앉지는 못하므로, 나는 일주일 동안 다른 학생들과 돌아가며 앉으려고 노력했다. 보통은 학생들이 점심을 같이 먹자고 나를 초대했는데, 그날 함께할 수 없는 경우에는 다른 날 시간을 내서 밥을 먹자고 합의를 봤다. 점심 때 그런 식으로 공부와 상관없이 무엇이든 자유롭게 이야기할 수 있는 시간을 갖는 것은 학생들과의 친밀한 관계를 쌓는 데 중요한 역할을 했다.

수업시간에는 수업에 집중하는 모습을 보여서 학생들에게 학습에 열심히 집중할 때임을 알려주는 것이 중요하다. 하지만 점심시간처럼 교사가 학생들과 어울리며 긴장을 푸는 시간도 반드시 필요하다.

핀란드에서는 학교정책의 차이로 학생들과 점심 먹는 시간을 마련하기가 더 쉬울 수 있지만 미국에서도 이 방법을 실천하는 몇몇 교사들을 만난 적이 있다. 이 간단한 실천이 좋은 점은 아이들과 친밀감을 높일 뿐만 아니라 존중하는 대화와 좋은 식습관의 모범을 보여주는 시간이 될 수 있다는 것이다. 하지만 매일 학생들과 함께 식사하다 보면 지칠 수 있다. 내 경험으로 보면 동료교사들과 이야기를 나눌 몇 분의 시간이 간절한 날도 있고, 혼자 조용히 식사하면서 힘들었던 오전시간을 되돌아보고 싶은 날도 있다. 따라서 균형을 맞추는 것이 중요하다.

만약 학생들과 함께 식사하는 것에 관심이 있다면, 일단 작은 것부터 시작하기 바란다. 처음에는 매주 한 개의 점심모둠을 따로 마련해 여러 명의 학생들과 함께 앉아볼 수 있다. 결국 학생 한 명 한 명과 식사하는 것이 중요하므로, 누구와 언제 앉았는지를 기록하는 간단한 시스템을 갖추면 도움이 될 수 있다.

학생들과 인사를 나누고 점심을 함께 먹는 일 외에도, 학교 밖에서 할 수 있는 일 가운데 학급 아이들과의 관계에 매우 긍정적인 효과를 미치는 방법이 있다. 바로 가정방문이다. 헬싱키에서는 8월 중순 개학 전에는 5학년 아이들을 만날 수 없었기 때문에 가정방문을 생각하지 않았지만, 가정방문은 세계 어느 곳에서든 효과적인 방법이다.

미국에서 아이들을 가르칠 때는 여름방학 동안 가정방문을 여러 번 했다. 비록 내 시간을 희생해야 했지만, 그럴 만한 가치가 있는 일이었다. 가장 힘들었던 것은 미리 방문 약속을 잡는 일이었다. 여름 휴가철에는 가족과의 연락이 어려울 수 있기 때문이었다. 그러나 일단 방문 계획이 잡히면 실제 방문에는 별다른 준비가 필요 없었다. 펜과 노트만 가져가면 끝이었다. 노트에는 방문했을 때 할 질문들이 적혀 있었는데, 나의 미국인 멘토교사에게서 받은 것이었다. 질문의 범위는 "아이의 취미는 무엇인가요?"에서 부터 "이번 학년에 아이가 기대하는 것은 뭔가요?"까지 아주 다양했다.

실제 방문은 두 부분으로 이루어졌다. 먼저, 학생과 가벼운 대화를 나누며 시간을 보내고, 학생이 원하면 집에서 가장 의미 있다고 생각하는 것이 무엇인지를 듣기 위해 집 안을 살짝 둘러본다. 그다음에 보호자들을 만나 아이에 대해 좀 더 깊이 알 수 있는 내용과 새 학년에서 바라는 바를 듣는다.

가정방문의 가장 큰 이점 중 하나는 교사가 학생 한 명 한 명을 알아가는 데 관심이 있다는 신호를 학생과 보호자들에게 알릴 수 있다는 것이다. 내 생각에 가정방문은 한 학급을 1년만 가르치는 교사들에게 특히 유용하다. 이런 교사들은 여러 해에 걸쳐 학생과 학부모를 알아갈 가능성이 거의 없기 때문이다.

학생들에게 일상적으로 인사하고, 그들과 정기적으로 점심을 먹고, 가정방문을 하는 것 같은 간단한 행동들은 교사와 학생 관계를 강화하는 몇 가지 방법일 뿐이다. 학생을 알고자 하는 마음이 있는 교사라면 필연적으로 그들을 더 잘 이해하기 위한 여러 가지 방법을 생각해낼 것이다. 그것은 궁극적으로 아이들의 소속감을 높이고, 결과적으로 더 즐거운 교실을 만드는 데 일조할 것이다.

10

학기 초는 최대한 여유 있게

수업보다 적응에 중점을 두라

처음에 나는 성적이 좋은 아이들과 잘 훈련된 교사들이 있는 핀란드 학교에서 무사히 살아남을 수 있을까 하는 의구심이 들었다. 하지만 미국에서 받았던 훈련을 떠올리고는 곧 자신감을 찾았다. 그것은 새 학년을 준비하는 방법에 관한 훈련이었다. 2013년에 헬싱키로 이사하기 위해 짐을 꾸릴 때, 나는 대학시절부터 간직해온 책 『The First Day of School(학교에서의 첫날)』을 잊지 않고 챙겨넣었다.

저자들은 미국 교육계의 고전이 된 이 책에서 "새 학년의 성공 여부는 첫날 무엇을 하는가에 달려 있다."라고 썼다(Harry Wong & Rosemary Wong, 2009, p.2). 나는 그 구절의 여백에 열렬한 마음으로 "옳소!"라고 쓰고, 그 문장에 연필로 동그라미를 쳐놓았다. 저자들은 "학교가 시작할 때는 모든 것이 준비되고 정리된 상태여야 한다."라고 조언했다(p.6).

많은 미국인 교사처럼 나 역시 이 철학을 가슴에 새겼다. 매사추세츠에서 교직생활을 시작하던 해부터, 개학 후 처음 며칠 동안은 분 단위의 세부적인 수업지도안을 짜는 버릇이 생겼을 정도였다. 이 지도안의 중심내용은 초등학생들에게 숙제를 제출하는 방법이나 화장실에 가는 요령 같은 중요한 절차와 일상을 가르치는 일이었다. 그래서 나는 핀란드에서의 그 중요한 첫날 '모든 것이 준비되고 정리되어' 있게 하려고 늘 해오던 방식을 그대로 했다. 교안을 짜고 교실을 정리하면서 여름을 보낸 것이다.

그러나 핀란드에서 개학 첫 주가 시작되었을 때 이상한 점을 발견했다. 많은 핀란드 동료들이 여름 내내 한 번도 교실에 나타나지 않은 것이다. 개학 하루 전날 나는 한 젊은 교사를 만났다. 그 선생님은 그 주에 무엇을 할지 아직 결정하지 못했다고 털어놓았다. 나는 조금 충격을 받았다. 그렇게 훈련을 잘 받았다는 핀란드 교사들이 학기 첫날에 대해 딱히 준비되거나 정리된 상태로 보이지 않았던 것이다. 오히려 천진난만할 정도로 느긋해 보였다. 반면에 나는 교과서처럼 완벽하게 가르치려고 애쓰다 보니 엄청난 스트레스를 받았다.

첫 주에 헬싱키의 5학년 아이들과 빡빡한 수업일정을 진행하던 중에 나는 아이들에게 조용히 똑바로 줄지어 걷는 법을 연습하겠다고 말했다. 그랬더니 곧바로 괴로운 신음소리가 흘러나왔다. 1학년 때부터 자기들 마음대로 복도를 누볐던 핀란드 아이들이 내 수업계획을 듣고 짜증이 난 것이다. 당황한 나는 이 과제를 얼른 건너뛰고 다른 활동으로 넘어갔다.

나는 그 첫 학년을 시작할 때 시간과 물리적 환경을 잘 통제하기만 하면 교실의 모든 일이 순조롭게 돌아갈 거라고 생각했다. 하지만 핀란드인 동료교사들과 학생들이 내 생각에 반기를 들었다. 그들은 새 학년의 시작을 조금 느슨하게 보내고 싶어 하는 것 같았다. 그들의 철학을 좀 더 깊이 이해하기 위해 나는 몇 명의 핀란드인 교사들과 이야기를 나눠봤다. 그들 중 누구도 한 해를 시작하는 '올바른' 방법에 대해 배운 적이 없었다.

"아이들이 학교생활과 절차에 서서히 적응하도록 부드럽게 시작하는 것이 중요한 것 같아요." 핀란드 쿠오피오에 있는 마르티 아티사리초등학교의 담임교사 요한나 호피아(Johanna Hopia)가 말했다. 호피아의 교실에서는 보통 첫날에 여름방학에 관한 이야기를 나누거나, 게임을 하거나, 운동하며 보낸다. 이 기간에는 교과서를 나눠주지도 않고 숙제를 내주지도 않는다. 헬싱키 마우눌라종합학교의 역사교사인 예레 린나넨(Jere Linnanen)은 학생들이 '유기적 과정(organic process)'을 거쳐 학교로 돌아오게 하는 편을 선호한다. 린나넨은 "저와 제 학생들을 위해 가능한 한 스트레스를 적게 주면서 새 학년을 시작하고 싶어요."라고 말했다. 지난 8월에 그와 동료교사들은 9학년생(우리나라의 종학교 3학년에 해당함-옮긴이) 네 개 그룹을 가까운 공원에 데려가 수다를 떨고, 즉흥적으로 춤을 추고, 축구와 농구와 포켓몬고 게임을 했다. 린나넨은 새 학년 시작 후 처음 이틀 정도를 리마이타미넨

(ryhmayttaminen)이라고 표현했다. 단어 뜻은 '조 편성(grouping)' 이라고 옮길 수 있지만, 의미상 영어의 '팀 빌딩(team building)'에 더 가까운 용어이다. 내가 근무하는 헬싱키의 학교에도 비슷한 정책이 있었다. 개학 첫 주에는 교사와 학생들이 반나절만 학교에 머물고, 그다음 주쯤 되어서야 정규 수업시간표대로 시작하는 정책이었다. 핀란드의 반타라는 도시에 있는 마르틴락소고등학교의 외국어교사 타루 포톨라(Taru Pohtola)에 따르면, 핀란드에서는 고등학교에서조차 개학 후 첫날은 정식 수업을 하지 않는 것이 '매우 흔한' 일이다. 포톨라 선생님이 근무하는 학교의 경우 1학년 학생들에게는 새로운 학교 환경에 적응하기 위한 날이 하루 더 주어진다. 그것은 "실제 수업이 시작되기 전에 학생들이 새 학교에 편안함을 느끼길 바라기 때문"이라고 설명했다.

핀란드 학교에서 처음 며칠 동안 나는 5학년 학생들을 학교 체육관에 데려가서 아이들의 유일한 휴식시간마저 자유롭게 주지 않고 단체게임을 하게 했다. 어떤 게임을 할지도 내가 정했고, 학생들은 나의 규칙에 따라야 했다. 이러한 일상은 곧 지루해졌다. 재미있는 게임이 바닥난 것이 주된 이유였다. 고맙게도 한 학생이 깡통차기 게임을 제안했다. 우리 반 학생들이 4학년 때 담임선생님과 이미 해본 게임이었다. 나는 그러자고 했고, 그 게임을 제안한 학생은 빈 플라스틱 음료수병을 하나 가지고 왔다.

그 후 몇 주 동안 나는 우리 반 학생들과 적어도 하루 한 번은 깡통차기 게임을 했다. 사실 깡통차기 게임은 학생들이 나와 함께

하고 싶어 하는 유일한 단체게임이었다. 게다가 학생들은 항상 내가 술래가 되기를 원했다. 내가 스물을 세는 동안 학생들이 숨고, 그다음에 내가 아이들을 찾아야 했다는 말이다. 내가 학생들을 발견하고 이름을 부르면, 우리는 서로 팔을 걸어서 아메바 같은 모양을 만들었다. 학생들을 다 찾으면 내가 이기는 게임이지만, 유감스럽게도 그런 일은 한 번도 일어나지 않았다. 매번 누군가가 몰래 다가와 의기양양하게 고함을 지르면서 깡통을 차는 바람에 내 팔에 엮여 있던 포로들이 자유의 몸이 되어버렸기 때문이다.

신나게 깡통차기 게임을 하면서, 개학 초에 내가 할 수 있는 가장 값진 일은 느긋한 핀란드인 동료들처럼 긴장을 풀고 학생들과의 관계를 즐기는 것임을 깨달았다. 학생들과의 관계 강화가 매우 중요하다는 사실은 전부터 알고 있었다. 새 학년이 시작될 때는 더욱 그렇다. 하지만 처음부터 모든 것을 제대로 해야 한다는 압박감은 장애물로 다가왔다.

나와 이야기를 나눴던 많은 핀란드 교사들은 규칙과 일상과 절차를 확립하는 데서 나오는 학급운영 체계가 중요하다는 걸 인정했지만, 일단 따스한 분위기와 스트레스가 적은 학습환경을 조성하는 일이 더 중요하다고 강조했다. 많은 미국 학교는 여건상 핀란드의 학교가 시행하는 것처럼 학사 일정을 느긋하게 시작할 수 없을 것이다. 하지만 교사들이 각자의 교실에서 느긋하게 시작할 수는 있다. 학생들과의 관계를 강화하고 여유로운 분위기를 만들어, 새 학년 새 학기의 초석을 다지는 작업이 꼭 필요하다.

학년 초에 내가 학생들을 데리고 할 수 있는 최선은 그냥 같이 놀아주는 것이다. 그러면 개학 후 처음 며칠 동안의 초조함이 누그러지고, 동지애를 느끼게 된다.

학기 첫날 할 수 있는 게임으로 내가 가장 좋아하는 것은 인간빙고(human bingo) 게임이다. 재미있고 활동적인 데다가 스트레스 없이 관계를 강화할 수 있으며, 어떤 학년에서든 적용할 수 있기 때문이다. 인간빙고 게임의 규칙은 다양하지만 내가 배운 간단한 방법(Ferlazzo, 2016)을 소개하도록 하겠다.

먼저, 학생들에게 빙고카드를 한 장씩 나눠준다. 각각의 칸에는 숫자 대신 짧은 설명이 적혀 있다. 예를 들면 "유럽여행을 한 적이 있다." 혹은 "말을 타본 적이 있다."와 같은 문장이다. 10분이나 15분 후에 알람이 울리도록 맞춘 상태에서, 학생들은 카드를 들고 교실을 돌아다니면서 시간이 다 가기 전에 빙고 칸을 많이 지우려고 노력한다.

아이들은 마치 사회과학자처럼 자신의 빙고카드를 들고 설문을 수행한다. 빙고 칸을 가능한 한 많이 지우려면 학생들은 서로 자기 카드에 있는 설명에 상응하는 질문을 던져야 한다. 즉, "유럽여행을 해본 적이 있니?" 혹은 "말을 타본 적 있어?" 하고 물어야 한다. 빙고 칸에 있는 설명에 들어맞는 친구를 찾으면 그 친구의 서명을 받고 그 빙고 칸을 지울 수 있다. 게임 시작 전에 나는 학생들에게 두 가지 규칙을 제시한다. 첫째는 본인이 설명에 일치하는 사람이라 하더라도 자기 카드에 자기가 서명할 수는 없다는 것이고, 둘째는 한 사람에게서 오직 한 번만 서명을 받을 수 있다는 것이다.

알람이 울리면 학생들의 소감을 들어보는데, 이 시간이 중요하다. 먼저, 학생들에게 빙고 진척 상황을 묻는다. 이를테면 "빙고가 한 개 이상 나온 사람 있나요? 두 개 이상은요?" 식으로 질문을 던져서 손을 든 학생이 한 명도 나오지 않을 때까지 계속 묻는다. 그런 다음, 시간이 있다면 "놀라웠던 점이 있나요?"와 같은 질문을 던져 학생들이 서로에 관해 알게 된 점을 간단히 되돌아보게 한다.

구글 검색으로 쉽게 찾아 인쇄만 하면 되는 빙고카드를 이용할 수도 있지만, 나는 스프레드시트에 직접 만드는 편을 선호한다. 학생들에게 맞는 맞춤식 빙고카드를 만들 수 있기 때문이다. 인간빙고 게임은 학생들과 하는 첫 번째 활동 중 하나이므로 훌륭한 첫인상을 남기는 게 좋다. 따라서 나 같으면 핀란드에서는 "유럽을 여행한 적이 있다."와 같은 문장 대신 "미국을 여행한 적이 있다."라는 문장이 포함된 카드를 사용할 것이다. 그리고 만약 읽기가 아직 서툰 아이들(유치원, 1학년, 2학년)을 데리고 게임을 한다면 빙고 칸에 글로 설명하기보다는 단순한 그림을 넣고, 게임을 시작하기 전에 그림이 뜻하는 게 무엇인지 간단하게 가르쳐줄 것이다.

인간빙고처럼 체계적으로 진행되는 게임도 좋지만, 새 학년이 시작된 순간부터 학생들이 주도권을 갖고 좋아하는 놀이를 고르게 할 필요도 있다. 우리 반 5학년 아이들이 깡통차기 게임을 하자고 했던 것처럼 말이다. 무엇보다도 개학 후 며칠간 학교 운동장에서 아이들과 어울리기를 권한다. 어떤 놀이든 교사가 주도할 필요는 없고, 오히려 아이들의 놀이에 끼어드는 편이 좋다. 중학교나 고등학교 교사라면, 예레 린나넨과 그의 동료들이 9학년 학생들을 네 개 그룹으로 나누어 했던 것처럼, 개학 첫 주에 재미있고 소박한 단합모임을 마련하는 것도 좋다.

11

성취의 기쁨을 함께 즐기기
서로의 노력을 칭찬하는 시간을 갖자

　　핀란드 공립학교에서 근무하는 2년 동안 나는 미국 공립학교에서는 잘 가르치지 않는 과목들에 굉장히 흥미를 느꼈다. 가정(요리수업), 직물, 목공예가 그런 과목이었다. 나는 한가한 시간에 몇 번 동료들의 교실에 슬그머니 들어가서 수업을 지켜보곤 했다.

　　한번은 가정수업이 이루어지는 교실을 찾아갔다. 교사용 테이블 앞에 몇 개의 간이 주방시설과 식사용 테이블이 놓여 있는 넓은 공간이었다. 9학년 학생들은 요리법을 배우기만 하는 것이 아니라 완성한 요리를 즐기는 시간도 만끽했다.

　　단순해 보이지만, 나는 그것이 수업에서 학생들이 기울인 노력을 존중하는 아주 적절한 방법이라고 생각했다. 교사는 수업의 마지막 15~20분을 떼어서, 학생들이 만든 음식을 즐기도록 해줬다. 그 후로도 여러 번 가정수업을 찾았는데, 계속해서 같은 상황을 목격했다. 학생들이 직접 만든 음식을 음미할 시간이 매번 주어지는 듯했다.

나는 이 간단한 방법이 교실에서 학생들의 성취감과 자율성을 촉진하고 소속감을 높이는 데 도움이 된다고 생각한다. 교사와 학생들이 '함께' 도전적인 목표를 추구하고, 완성된 작품을 '함께' 즐기기 때문이다.

테이블에 앉아서 음식을 먹기 전까지 학생들은 제한된 시간 안에 여러 가지 과제를 완수해야 한다. 이를테면 음식을 준비하고, 주방공간을 깨끗이 정리하고, 더러워진 그릇을 식기세척기에 넣고, 행주를 빨고, 테이블에 접시와 컵, 나이프, 포크 등을 놓아야 한다. 청소년기의 나를 떠올리면 요리시간을 진지하게 받아들였으리라고 상상하기 어려운데, 이 교실에서는 남녀 학생들이 '함께' 세심한 손길로 맛있는 음식을 준비하고 그 외의 모든 필요한 과제를 처리하는 모습을 볼 수 있었다.

학생들은 내적 동기가 충만한 상태에서 성실하게 배우며 능숙한 요리사로 성장해나가고 있는 것으로 보였다. 아이들은 선생님을 기쁘게 하거나, 성적을 잘 받기 위해 요리를 잘하려고 애쓰는 것 같지는 않았다. 아이들이 요리를 잘할 수 있었던 이유는 요리하는 과정 자체가 즐겁고 (행복의 세 가지 요소인 소속감, 자율성, 숙달이 이 안에 다 들어 있었다) 수업이 끝나면 만든 음식을 즐길 시간이 적절히 주어졌기 때문이라고 생각한다. 마지막 15~20분의 그 시간이 없었다면 학생들이 그 정도로 집중하면서 즐겁게 수업에 임했을지 의문이다.

나는 책을 쓸 때 비슷한 경험을 한 적이 있다. 내 작품이 책으로 나온 순간, 그 과정에 쏟아부은 시간이 가치 있게 느껴지고, 잠시나마 숨돌리며 이 성취를 축하하는 데서 큰 만족감을 느낀다. 그런 만족감을 느낄 여유도 없이 계속 글을 쓰도록 강요당하는 상황은 상상할 수가 없다. 그런데 교사로 일할 때는 이런 건전한 자부심을 경험하기 어려웠다. 아마 학생들의 성취를 함께 기뻐하는 데 중점을 둔 적이 없어서가 아닐까 싶다.

우리는 학생들의 성취를 함께 축하하는 시간이 불필요하다는 생각을 버려야 한다. 오히려 학생들의 노력에 의미를 부여하고, 더 효과적으로 학습하도록 동기를 부여하며, 학습공동체를 장려하는 방법의 하나로 바라봐야 한다. 이런 시간을 만들려면 앞서 가정수업에서처럼 15~20분의 수업시간을 할애해야 하지만, 비교적 적은 시간 투자가 가져오는 놀라운 효과를 상상해보자.

내가 헬싱키 학생들과 시도해본 한 가지 방법은 '북토크(book talk)'였다. 방식은 간단하다. 먼저 학생들과 상의해 적당한 수준의 책들을 선정한다. 각자가 선택한 책을 읽고 이해한 대로 작은 보고서를 준비해서 반 친구들 앞에서 5분간 발표하는 식이었다.

처음부터 성취의 기쁨을 함께 누리는 활동으로 북토크를 떠올린 건 아니었다. 하지만 6학년 학생들과 두 차례 해보니 성취의 기쁨을 누리는 효과까지 달성된 것 같았다. 몇몇 학생에게서 소감을 들었는데, 자신이 읽은 책에 대해 반 친구들에게 이야기하고,

또 친구들이 읽은 책 이야기를 듣는 게 정말 즐거웠다고 했다. 몇 몇 아이들은 친구들이 발표하는 도중에 그 책을 빨리 읽어보고 싶다고 큰 소리로 이야기하기도 했다. 한 학생은 발표하면서 소개한 책을 반 친구에게 빌려준 적도 있었다. 학생들은 더 많은 것을 배울 수 있도록 서로에게 영감을 주었고, 그것은 나에게 큰 기쁨이 되었다.

배운 내용을 공개적으로 발표하는 시간을 마련해주자, 학생들의 노력, 즉 주의 깊게 책을 읽고 통찰력 넘치는 보고서를 쓰는 일에 더 큰 목적의식이 부여되었다. 많은 학생이 북토크 시간을 자기가 읽은 책을 추천하거나 어떤 책에 대해 미리 경고하는 기회로 생각했다. 내가 북토크 활동을 좋아하는 이유는 반 아이들 전체가 학습자로서 더욱 친밀해지고 결속되기 때문이다. 가르치고 배우면서 서로의 노력을 칭찬하는 그런 요소가 소속감을 강화한다.

성취의 기쁨을 함께 즐기게 해줄 아이디어 몇 가지를 더 소개하면 다음과 같다.

- 글쓰기 수업이 끝날 무렵, 몇 분간 시간을 내어 몇몇 학생에게 자신이 쓴 글(이야기나 시)을 반 친구들 앞에서 낭독하게 한다. 나는 보스턴에서 가르치던 마지막 해 글쓰기 워크숍 시간에 이 방법을 활용했는데, 1, 2학년생들의 반응이 아주 좋았다. 이러한 수업은 학생들의 친밀도를 높였고, 더 수준 높은 글을 쓰는 동기가 되었다.

- 학급 주도로 학교공동체를 위한 저녁행사를 주최해서 작품을 전시한다. 학교 차원에서 여는 대규모 전시행사도 있지만, 그런 경우는 학생과 교사 입장에서 준비시간이 많이 소요된다. 나는 작은 규모의 전시도 그에 못지않은 효과가 있다고 생각한다. 2002년에 출판된 『Reading With Meaning(의미를 이해하면서 읽는 법)』이라는 책에서, 미국인 교사 데비 밀러(Debbie Miller)는 초등학교 1학년 수업인 '커피가 있는 시 낭송회(Coffeehouse Poetry Day)'에 대해 다음과 같이 묘사한다.

CD에서 흘러나오는 마일스 데이비스의 트럼펫 연주가 번잡한 교실 사이사이를 채운다. 오래전 학부모회에서 사다 놓은 커피포트에서 핫초코가 보글보글 끓고, 그 옆에는 작은 마시멜로가 그릇에 산처럼 쌓여 있다. 초승달 모양이 그려진 남색의 기다란 종이 장식으로 창문을 가려 교실은 어둡다. 탁상용 스탠드와 천장에서 뿜어내는 작은 전구 불빛만 교실을 비추고 있다.

깨끗이 닦은 테이블은 두 개씩 다정하게 배치되어 있다. 테이블에는 작은 항아리에 꽂힌 조화, 시집, 비스킷이 담긴 그릇, 영어단어가 적힌 자석타일들을 담은 작은 용기가 놓였다. 평소에는 크레용, 마커펜, 가위, 포스트잇, 연필, 풀이 뒹굴던 곳이다.

학부모와 아이들은 나란히 앉아서 비스킷을 먹고, 집에서 가져온 머그잔에 뜨거운 핫초코를 따라 마시며 엘로이즈 그린필드, 마야 안젤루, 에일린 피셔, 제인 욜런, 밸러리 워스, 조지아 허드 같은 작가들의 작품을 읽는다. 그런데 가장 열광적인 반응을 얻는 시들은 그들의 것이 아니었다. 그 주인공은 바로 아이들이 직접 쓴 작품들이었다. 아이들이 쓴 작품들은 참석자 모두에게 돌아갈 수 있도록 인쇄해 책으로 묶었다(p.74).

• 학생들의 학습성과를 축하하기 위해 학급 블로그를 만든다. 이 방법은 어느 연령대의 학급에나 적용할 수 있지만, 특히 고학년 학생들에게 의미가 있다. 교사와 함께 주도적으로 블로그를 운영할 역량이 있기 때문이다.

간단히 말하면, 성취의 기쁨을 함께 즐긴다는 것은 잠시 여유를 갖고 학생들의 훌륭한 성과에 대해 구성원 모두가 고마움을 표현하는 행위라고 할 수 있다.

공동의 목표 만들기
함께 결정하고, 각자의 역할을 의논하라

캠프학교(Camp School)는 핀란드에서 성취의 기쁨을 즐기는 방법 중 하나이다. 초등학교 시절이 끝나갈 무렵에 진행되는 이 캠프학교를 학생들은 애타게 기다린다. 캠프학교 참가를 위해 대부분의 학급에서는 몇 달 전부터 돈을 모으기 시작한다. 내가 이 핀란드식 행사를 높이 평가하는 이유는 크게 두 가지이다.

첫째, 집을 떠나 며칠 자고 돌아오는 이 여행을 위한 자금 마련과 관련해 학생들에게 지워지는 큰 책임에 매우 감탄했다. 반 전체가 캠프학교에 참가하려면 많은 돈이 필요하다. 때로는 총액이 수천 유로에 이르기도 한다. 이 돈을 마련하기 위해 학생들은 여행을 떠나기 훨씬 전부터 빵 판매행사를 열거나 학교 무도회를 주최하는 등 여러 가지 사업을 진행해야 한다.

둘째, 목돈을 모아서 캠프학교에 함께 참여하는 형태로 공동의 목표를 추구하면 학급의 일체감이 높아진다. 나와 같은 해에 6학년을 가르쳤던 한 핀란드인 동료교사는 초가을에 캠프학교를 다녀왔다. 선생님과 학생들이 학교에 돌아왔을 때 그들 사이의 친밀감에 긍정적인 변화가 있었음을 감지할 수 있었다.

그 학년도의 봄(달력상으로는 이듬해 봄을 말함-옮긴이)에 내가 가르치는 6학년 학생들에게서도 비슷한 현상을 목격했다. 캠프학교에서 돌아온 후, 우리 반 학생들은 24명의 개인으로 이루어진 집단이 아니라 하나의 팀처럼 보였다. 여행이 강력한 유대감을 만들어내는 체험이었음이 증명된 것이다. 내 유일한 후회가 있다면 이 반을 맡은 2년 동안 좀 더 초반에 이 행사를 진행하지 못했다는 점이었다.

핀란드에서의 경험을 통해 나는 캠프학교와 같이 사회적 결속력을 높이는 경험이 학급 내 유대감을 높이는 데 얼마나 중요한 역할을 하는지 다시 생각하게 되었다. 소속감은 행복하고 즐거운 교실을 위한 결정적인 요소이다. 따라서 교사들이 이와 비슷한 학급 공동의 목표를 추구할 것을 권장하고 싶다.

핀란드식 캠프학교는 훌륭한 방법이지만 상당한 시간과 돈을 투자해야 하므로 모든 학급에서 가능한 일은 아닐 수 있다. 그러나 다행히도 실현 가능한 다른 방법들이 많다. 학생들이 직접 작사, 작곡하고 연주한 음반을 만들어보면 어떨까? 다 함께 산을 오른다면? 학습용 앱을 함께 만들어본다면? 가능성은 무한하다.

그러면 학급의 공동목표는 어떻게 추구할 수 있을까? 첫째, 교사와 학생들이 '함께' 결정을 내려야 한다. 많은 교사들이 학급의 꿈을 미리 결정하려는 유혹에 빠진다. 핀란드에서의 첫해에 나는 학생들과 상의하지 않고 학급의 꿈을 결정하는 실수를 저질렀다. 사실은 개학 전부터 특별한 비전에 꽂혀 있었다. 나는 흥미롭고 이타적이며 학생들의 동기를 끌어낼 수 있을 것으로 예상되는 학제간연구(interdisciplinary) 프로젝트를 구상했다. 프로젝트의 내용은 세계장애인올림픽대회(Paralympics)에 출전하는 핀란드 선수들을 돕기 위한 기금을 마련하는 것이었다. 장애인 운동선수들이 받는 기금이 상대적으로 부족한 실태에 대해 인식을 높일 수 있는 기회라고 생각했다. 나는 우리 반 학생들이 장애인 운동선수들을 몇 차례 인터뷰하고, 그 경험을 블로그에 올리고, 가능하다면 전국적인 차원의 대화까지 끌어내는 모습을 상상했다. 우리 반 학생들을 만나기도 전에 이미 장애인 운동선수들에게 학급을 방문해 달라며 약속을 잡았고, 아직 얼굴도 모르지만 내가 가르치게 될 5학년 아이들도 나처럼 이 일에 열정적일 것이라고 자신했다.

시간이 지나고 나서 보니 이 목표는 실패할 수밖에 없는 운명이었다. 그게 '우리의' 목표가 되려면 학생들과 '함께' 결정했어야 했다.

개학 후 처음 몇 주 동안 우리 반 학생들은 이 프로젝트의 특정 부분, 특히 장애인올림픽대회에 출전하는 선수들을 만나는 일에 고무된 듯했지만 내 비전을 이해한 것 같지는 않았다. 가령, 나는 선수들을 위해 거액을 모금하는 것이 의미 있다고 생각했지만, 일부 학생들은 우려의 목소리를 냈다. 나로서도 이해할 만한 우려였다. 이미 캠프학교에 가기 위해 거액을 모금할 계획이었는데, 어떻게 이 추가적인 모금 목표를 달성할 수 있겠느냐는 것이었다.

개학 후 몇 주가 지나면서 이 꿈은 실현될 수 없다는 게 분명해졌다. 그것은 공유된 비전도 아니었고, 현실성도 없었다. 나는 낙담했지만 결국 이 프로젝트는 깨끗이 포기하는 게 최선이라는 결정을 내렸다. 핀란드에 오자마자 실패한 것이 기분 좋을 리는 없었지만, 그 실패를 통해 계획 과정에 학생들을 참여시키고 현실적인 목표를 정하는 것이 얼마나 중요한지를 배웠다. 다행스럽게도, 그 뒤에 학생들과 캠프학교라는 공동목표를 추구하는 과정에서 내 마음대로 학급의 목표를 정했던 처음의 실수를 만회할 수 있었다.

학생들과 '함께' 현실적인 목표를 결정했다면 각자의 역할에 대해 의논하는 것이 중요하다. 캠프학교의 경우, 학생들은 모금에 일차적인 책임이 있었고, 나는 진척 상황을 감독하면서 지원해줬다. 15분간의 휴식시간에 학생들이 교실에서 기획회의를 하도록 허락했고, 모금행사(빵 판매행사와 학교 무도회) 때는 학생들을 거들었다. 하지만 내가 직접 모금활동을 하지는 않았다. 그것은 아이들이 해야 할 일로 여겼기 때문이다. 나중에 알고 보니 핀란드의 다른 교사나 학부모, 학생들도 같은 생각을 공유하고 있는 것 같았다.

나는 학생들이 감당하기 힘든 일을 뒤에서 조용히 해결했다. 학부모 대표와 함께 여행경비를 지불하는 일이 그 하나였다. 학부모 대표는 캠프학교 전용 은행계좌를 개설하고, 여행경비를 예치해뒀다. 모금행사가 끝난 뒤 학생들은 수학시간을 활용해 돈을 셌고, 나는 그 돈을 학부모 대표가 가지러 올 때까지 금고에 보관해줬다. 학부모 대표는 학급의 은행계좌를 통해 여행경비를 예치해뒀다. 전체 과정 내내 나는 학부모 대표와 협력해서 학급의 다른 학부모들과 소통했다. 내가 맡은 일 중 하나는 여행에 필요한 각종 예약을 하는 것이었다. 우리는 음식과 숙소와 버스가 필요했다. 나는 이미 다녀온 동료교사에게 캠프학교에서의 긍정적인 경험을 전해 듣고 우리도 같은 곳으로 여행할 계획을 세우기 시작했다. 나는 우리 반 학생들이 옆 반 학생들과 같은 캠프학교에 가는 것을 기뻐하리라고 지레짐작했다. 하지만 그것은 나의 착각이었다.

많은 학생이 다른 캠프학교로 떠나고 싶어 했다. 내가 이미 그 캠프학교에 예약했다는 말을 들은 뒤에도 마찬가지였다. 조금 당황스러웠지만 나는 어떻게 해야 할지 알 것 같았다. 두 개의 선택지를 놓고 투표해서 어느 쪽이든 득표가 많이 나오는 곳으로 선택하기로 했다. 압도적인 다수가 내가 예약하지 않은 다른 캠프학교를 선택했다. 결국 나는 처음 예약한 곳을 취소하고, 학생들이 선택한 새로운 캠프학교로 다시 예약했다. 최종적인 결론에 학생들이 기뻐했고, 추가 작업을 조금 했지만 나 역시 기뻤다. 우리는 스포츠를 주제로 잡은 캠프학교로 떠나기 전에, 학급 전체가 어떤 활동에 참여할 것인지도 투표로 결정했다.

학급의 목표를 결정하다 보면 교사와 학생이 서로 타협해야 할 때도 있다. 하지만 이런 민주적인 절차는 학급 학생들을 더 친밀하게 만들어준다. 우리는 불과 며칠 동안 머무는 캠프학교에서 여

러 가지 신나는 활동을 했다. 예컨대, 플래그풋볼(flag football, 미식
축구의 변형으로 몸싸움과 태클이 금지되며, 허리에 부착된 플래그를 상
대편에게 뜯기지 않은 채 상대 진영에 공을 들고 들어가면 득점하는 경
기-옮긴이), 원반던지기, 활쏘기, 수영, 미니 올림픽 등의 활동을
하면서 모두가 함께하는 기쁨을 누렸다.

어느 날 저녁에는 작은 연못가에 있는 사우나를 예약했는데,
연못 물이 몹시 차가웠다(나를 포함해 연못에 뛰어든 사람은 모두
비명을 질렀다). 또 다른 날 밤에는 호수 옆에 있는 캠프장을 예약
해서, 해가 질 무렵 불에다 마시멜로를 굽고 팬케이크에 딸기잼을
발라 먹었다. 그날 밤 나는 학생들에게 물수제비 뜨는 법을 가르
쳐주려고 시범을 보이다가 호수로 미끄러졌고, 한쪽 신발은 완전
히 물에 젖고 말았다. 우리는 두고두고 그 이야기를 하면서 즐겁
게 웃었다.

여행을 다녀온 후에 우리는 교실에서 여행을 되돌아보는 성찰
의 시간을 가졌다. 그 짧은 여행 동안 함께 겪은 수많은 즐거움과
잊을 수 없는 추억을 공유하는 시간이 얼마나 감동적이었는지 모
른다. 캠프학교는 우리가 함께한 2년을 마무리하는 가장 완벽한
방법처럼 느껴졌다. 그리고 한 학급의 여정을 캠프학교와 같은 방
법으로 시작하는 것도 좋겠다는 생각이 들었다.

캠프학교 여행에서 한 가지 아쉬웠던 점은 우리 반 학생 몇 명
이 불참한 것이었다. 개인적인 이유로 학교에 남은 몇 명은 며칠
동안 다른 교사의 수업을 받았다. 나는 그 아이들의 선택을 존중

했지만, 한편으로는 모두 함께 멋진 추억을 나눴다면 얼마나 좋았을까 하는 아쉬움이 남았다. 캠프학교에서 돌아왔을 때에도 많은 학생이 그곳에서의 즐거운 추억을 가지고 있어서 불참한 아이들이 소외감을 느끼지 않을까 걱정되었다.

학생들과 함께 공동목표를 추구하고자 하는 교사라면 반드시 명심해야 할 부분이 있다. 캠프학교와 같은 강렬한 집단 경험은 오직 참여한 학생에게만 의미가 있다는 점이다. 활동에 참여하지 않은 학생들은 참여한 아이들과 같은 소속감을 느끼지 못한다. 따라서 학생들에게 '모두'의 참여를 장려하는 비전을 제시하는 것이 현명하다.

개인적으로 나는 아주 만족스러웠지만, 그 목표는 교사 혼자 힘으로는 성취할 수 없는 일이었다. 다른 교사들, 학생들, 학부모를 비롯해 우리 학급과 관련되어 있는 모든 사람들이 각자의 몫을 했다. 프로젝트에 관해 조언해주고 함께 참여할 수 있는 교사를 한 사람 찾아보기를 바란다. 동료교사에게 그런 도움을 주는 교사가 되는 것도 그에 못지않게 중요하다.

우리 반 캠프학교의 경우에는 무척 고맙게도 베테랑 동료 한 분이 사흘 동안 함께해주었다. 캠프학교로 떠나기 전부터 그 선생님은 내가 예상하지 못한 방면에서 우리 학급을 위한 봉사에 나서줬다. 전화로 예약을 확인하고, 야외 요리파티를 위한 식료품을 구매하고, 나와 회의를 하면서 캠프학교 체크리스트의 주요 항목들을 점검해주었다. 캠프학교 활동 중에는 두 남학생과 함께 팬

케이크 반죽까지 만들어주었다. 그 선생님은 우리 학급에 선물 같은 존재였다. 그 선생님 덕분에 행사가 순조롭게 진행되어 내 심적 부담이 크게 줄어든 것도 사실이지만, 나 말고도 또 한 명의 교사가 똑같은 시간과 노력을 투입하고 있다는 것을 아는 데서 오는 기쁨은 제법 컸다. 캠프학교 일을 다른 선생님과 나눠서 하는 동안, 나는 캠프학교라는 경험을 '관리'하기보다는 '즐기는' 데 더 집중할 수 있었다.

학급의 목표는 교사와 학생들이 상상하는 만큼 커질 수 있다. 여기서 가장 중요한 점은 그 목표가 '공유'되어야 하고 '현실적'이어야 한다는 것이다.

키바 프로그램

학교 내 괴롭힘, 따돌림을 방지하라

학교 혹은 학급에서 발생하는 집단 따돌림이나 괴롭힘 (bullying)을 막기 위해 교사로서 할 수 있는 일은 많다. 내가 이번 장에서 지금까지 언급한 전략들, 즉 아이 한 명 한 명을 알고, 학생들과 함께 놀고, 학습성과를 축하해주고, 학급의 꿈을 추구하는 일은 모두 이 목표(학교 내 집단 따돌림, 괴롭힘을 방지하라)에 도움이 된다. 이와 같이 학급 내의 소속감을 강화하는 전략들은 예방을 위한 역할을 한다. 그러나 교실에서의 긍정적인 상호작용을 위해 최선의 노력을 다해도 약자를 괴롭히는 것처럼 보이고 들리는 행동이 발생할 수 있다. 그런 일이 일어나면 즉각적인 해결을 위한 접근법이 필요하다.

미국 국립과학기술의학아카데미(U.S. National Academies of Sciences, Engineering, and Medicine)의 보고서에 따르면, 미국 어린이와 청소년의 18~31퍼센트가 학교에서 친구들에게 집단적으로 괴롭힘을 당한 경험이 있다. 이러한 괴롭힘(bullying)에 대한 정의는 여러 가지가 있지만 "가장 일반적인 정의는 실제적이든, 단순히 그렇게 인지되든 힘의 불균형이 있는 상황에서 힘이 더 있는 쪽이 힘이 없는 쪽에 대해 반복적으로 가하는 의도적이고 공격적인 행동"이다(Roxanne Khamsi, 2016).

미국에서 나는 공립학교 두 곳과 사립학교 한 곳에서 교직생활을 했고, 각각의 학교에서 집단 따돌림이나 괴롭힘을 미연에 방지하기 위한 합리적인 방법들을 접했다. 모닝서클, 정기적인 전교생 모임, 괴롭힘 방지 워크숍도 있었고, 괴롭힘에 맞서겠다는 서약에 학생들의 서명을 받은 커다란 포스터를 본 기억도 있다. 그런 방법들은 좋은 예방책처럼 보였지만, 괴롭힘으로 보이는 행동을 해결하기 위한 학교 차원의 제도를 본 적은 없다.

핀란드는 10여 년 이상 학교에서의 괴롭힘 문제를 해결하려고 노력해왔다. 나는 헬싱키의 학교에서 핀란드의 유명한 괴롭힘 방지 프로그램 '키바(KiVa)'를 처음 접했다. 이 프로그램은 현재 핀란드 학교의 90퍼센트 이상에서 시행되고 있다. 키바(KiVa)는 키우사아미스타 바스탄(Kiusaamista Vastaan)이라는 핀란드어의 약자로, '왕따에 맞서다'라는 의미이다. 그리고 키바(kiva)는 '좋다'라는 뜻도 있다(Khamsi, 2016).

이 전국적인 괴롭힘 방지 프로그램은 아주 희망적이다. 핀란드 학생 7천 명을 대상으로 한 연구에서 키바가 괴롭힘을 가장 자주 받는 어린이들의 정신건강을 유의미하게 개선한다는 것을 발견했다(Ring, 2016).

키바의 전략 중에는 예방적 요소가 있다. 가령, 학생들은 컴퓨터 소프트웨어의 도움을 받아 괴롭힘에 관한 교육을 받고, 교실에서 역할극을 한다(Ring, 2016). 나는 헬싱키에서 교직생활을 하는 동안, 이 프로그램의 귀중한 측면을 또 하나 목격했다. 괴롭힘이 일어나는 것 같을 때 따라야 할 명확한 조치들을 알려준다는 점이다. 이 프로그램을 위한 훈련과정에 참여했던 헬싱키 시절의 동료 파울라 하부(Paula Havu) 선생님과 통화를 하는 동안 키바의 규약들이 조금 더 상세히 떠올랐다.

예를 들어, 몇몇 학생 사이에 갈등이 벌어졌다고 치자. 한 아이가 반 친구 몇 명이 운동장에서 게임을 할 때 항상 자기를 빼놓아서 왕따 비슷한 행동을 한다고 비난한 것이다. 관련된 학생들은 선생님에게 말씀드려 키바 모임 소집을 요구할 수 있다. 이 절차는 왕따 비슷한 행위를 목격한 교사나 친구 등이 주도할 수도 있다. 그러면 교사는 해당 학생들과 사건에 대해 간단한 서식을 작성하고, 협상을 위한 날짜와 장소를 합의한다. 교사가 완성된 서식을 별도의 폴더에 보관하면 키바 교사팀이 정기적으로 이 폴더를 모니터링한다. 키바 교사팀은 이런 종류의 갈등을 해결하도록 훈련받은 고학년 학생팀과 소통하기도 한다. 고학년 학생들은 협상의 원활한 진행을 돕는 보조자 역할을 한다.

이와 같은 갈등 해소 회의는 보통 휴식시간에 아무도 사용하지 않는 교실에서 열린다. 그 자리에는 교사, 양측 당사자, 그리고 고

학년 학생들이 모인다. 키바 갈등 해소 회의에서 양측은 각각 자신들의 입장을 이야기한다. 처음에는 서로의 이야기를 경청하는 데 초점을 맞춘다. 그다음에 진행자들은 양측에게 어떤 식으로 다르게 행동할 수 있었을지 생각하면서 자신의 행동을 되돌아보게 한다. 여기서 핵심은 학생들이 상황의 재발을 막기 위해 가능한 해결책을 찾아내도록 하는 데 있다. 양측이 예방책을 실천하겠다고 약속하고, 키바 진행자들이 그것을 기록하면 회의는 마무리된다.

파울라 하부 선생님은 "키바에서는 원하지 않으면 미안하다고 할 필요가 없어요."라고 설명했다. "미안하다는 말을 누가 시켜서 하게 되면 진심으로 미안하지 않을 수도 있거든요.…… 키바에서는 '문제는 무엇이고, 어떻게 행동했으며, 어떻게 달리 행동할 수 있었는지'에 초점을 맞춰요." 대개는 2주일 후에 양측과의 후속 회의 일정을 잡아 갈등을 다시 논의한다. 만약 문제가 계속되면 추가적인 규약을 따르도록 하고, 학부모에게도 연락이 간다.

핀란드 학교에서 괴롭힘은 용인되지 않는다. 키바 프로그램은 갈등 해소를 위한 대화시간이나 교실 내 역할극처럼 괴롭힘이 일어나기 전에 예방할 수 있는 작은 조치들이 많다는 생각을 토대로 한다. 파울라는 "키바는 정말 좋은 프로그램이에요."라고 단언했다.

내가 미국 학교에서 교사생활을 할 때 키바 프로그램의 주요 요소들을 실행할 수 있었다면 나와 우리 학생들은 큰 도움을 받았을 것이다. 되돌아보니, 우리 교실에서도 괴롭힘 비슷한 행동이 가끔 일어났는데, 나는 그걸 어떻게 처리해야 할지 잘 몰랐다. 괴롭힘과 그에 대응하는 방법에 관해 학생들과 꾸준히 대화를 나눴다면 매우 유용했을 것이다.

아울러 학생들의 불평불만에 대처하기 위한 시스템을 확립해 놓는 것도 중요한 일이었을 것이다. 나는 갈등이 최고조에서 폭발했을 때에야 그에 대처하곤 했다. 만약 내가 교실에 우편함을 하나 설치해서 핀란드 학교의 키바 폴더와 같은 역할을 하게 했다면 학생들이 어려움이 생겼을 때 즉시 나에게 알릴 수 있었을 것이다.

무엇보다도 갈등이 일어났을 때 그저 '미안해'라고 말하게 하기보다는 해결책에 주안점을 둘 수 있었을 것이다. 나는 보통 어린 학생들에게 사과를 종용해서 상황을 마무리하곤 했다. 학생들이 취할 수도 있었던 긍정적 행동에 관해서는 깊이 생각해본 적이 없었다. 학생들이 미래 지향적인 해결책을 직접 작성해보도록 하고 후속 모임 일정을 잡는 것도 현명한 방법이었을 것이다.

학교 내 괴롭힘은 즐거움을 파괴하는 요소임에 분명하다. 그런 안타까운 결과가 빚어지기까지 학생들이 취하는 작은 행동들 역시 즐거움을 파괴하기는 마찬가지다. 키바 프로그램은 학생들이 주도적으로 학교 내 괴롭힘에 맞설 수 있게 도와줌으로써 교실에서 즐거움을 지켜내는 방법이 있다는 것을 시사한다.

14

짝 제도

서로 다른 학년끼리 유대감을 높여라

　　헬싱키의 학교에는 6학년 학급이 1학년 학급과 팀을 이루는 독특한 전통이 있다. 처음에는 먼발치에서 훌륭한 전통이라고만 생각했는데, 내가 가르치던 5학년이 6학년이 되면서 직접 체험해보게 되었다.

　　그해 가을, 새 학년이 시작되자 우리 학급은 1학년 학급을 찾아가 학교에서 제일 어린 학생들과 짝을 지었다. 우리가 처음으로 한 공동작업은 학교 전체를 뒤져서 물건을 찾는 게임이었다. 그 준비는 1학년 선생님이 맡았다. 그날 이후 이 짝 제도 덕분에 1학년생들의 소속감이 높아졌다. 15분간의 휴식시간에 운동장에서 1학년생들이 6학년생들을 졸졸 따라다니거나 껴안는 모습이 자주 목격되었다. 일부 어린 학생들의 애정이 지나쳐서 내가 6학년생들을 구출해야 할 때도 있었는데, 그럴 때면 6학년생들이 고마워했다.

그 한 해 동안 우리 반은 1학년 학급과 다양한 방식으로 팀을 이루어 협력했다. 적어도 두 번은 수업을 같이했고, 6학년생들이 1학년생들의 숙제를 도와주기도 했으며, 한번은 현장학습을 함께 갔다. 짝 제도는 추가로 준비할 사항이나 이견을 조율할 일이 없어서 매우 간단했다. 그럼에도 불구하고 이 간단한 방법이 학교에 대한 소속감을 높이는 데 일조했다고 생각한다. 1학년생들의 경우에 특히 그랬다. 6학년생들도 이 짝 제도 덕분에 학교생활에서 더 큰 목적의식을 갖게 되었다. 우리 반의 다수가 어린 후배들을 친절하게 대하면서 스스로 뭔가 달라졌음을 느끼는 듯했다.

내가 알기로 짝 제도는 핀란드 학교에서 필수사항은 아니고, 널리 퍼져 있는 전통도 아니다, 하지만 헬싱키의 학교에서 경험해보니 이 접근법이 학교 환경에서 소속감을 높이는 데 큰 도움이 된다는 것을 알았다. 핀란드 학교에서의 첫해에 내가 가끔 참관했던 1학년 학급의 담임 파울라 하부 선생님은 짝 제도와 관련된 자신의 경험을 자세히 들려줬다.

우리 반은 통합교육 대상 아이들을 포함해 스물여덟 명이나 되었지만 짝 제도 덕분에 여기저기 많이 다닐 수 있었어요. 6학년 담임 선생님과 6학년생들이 우리와 함께해줬거든요. 우리 반 모든 아이에게 옆에 있어줄 6학년 학생들이 있으니 안심이었죠. 그리고 6학년생들은 아직 십 대이긴 하지만 책임이 맡겨지고 신뢰의 대상이 되어 함께 걸어야 할 어린 후배가 있을 때는 변화된 모습을 보였어요. 거칠게 행동할 필요도 없고, 쿨한 척할 필요도 없었죠. 곁에 있는 어린 후배를 돌보고 역할 모델이 되어야 했으니까요.

파울라 선생님은 짝 제도가 잘 작동하는 이유에 대해 흥미 있는 가설을 제시했다.

학급 안에는 일정한 역학관계가 존재하고, 학생들은 교실에서 일정한 역할을 맡고 있어요. 그런데 이 학급을 다른 학급과 뒤섞으면 집단역학에 변화가 일어나게 돼요. 그러면 학생은 자기 반에서처럼 '터프가이'가 아니어도 괜찮아요. 사실상 전혀 다른 집단의 일원이 될 수 있는 거죠.

파울라와 전화로 대화를 나누면서 나는 많은 미국인 교사들이 너무 바쁘고 스트레스가 많아서 다른 교사들과 한 팀으로 협력할 시간이 없다고 생각한다고 말했다. 그러자 파울라는 이렇게 말했다. "그렇게 된 이유는 모든 일을 혼자서 하려고 하면서 스트레스가 생겨서일 수 있어요. 다른 사람과 일을 나누면 훨씬 수월해진답니다."

6학년생들과 1학년생들을 짝지어주는 방법이 아주 현명해 보이지만 다른 형태로 해도 효과가 있을 것이다. 예컨대 8학년 학급과 6학년 학급을 짝지어주는 것은 어떨까? 2학년 학급과 유치원 학급을 짝지어주는 것은? 나이 차이가 얼마 나지 않는 아이들도 이 짝 제도의 혜택을 볼 수 있다.

다시 말하지만 짝지어주는 전략은 준비가 거의 필요 없다. 중요한 것은 서로 다른 학급이 학년 초에 유대감을 쌓아서 학생과 교사 모두 그 학년도 내내 높아진 소속감을 즐기는 데 있다.

Autonomy

자율성을 키우는
수업 테라피

핀란드에서의 교직생활 첫해, 새 학년이 시작되기 하루 전날 교사 휴게실에서 교직원 회의가 열렸다. 회의를 마치기 전에 교장 선생님은 내게 질문이 있느냐고 물었다. 나는 궁금한 점이 많았지만, 그중에서도 머릿속을 빙빙 맴도는 질문을 했다. 학교가 끝나면 내가 맡은 5학년 학생들을 어디로 데려가야 하느냐고.

미국의 초등학교 대부분은 학교가 끝나면 교사들이 학생들을 인솔해서 출입구까지 데려간다. 거기서 아이들은 스쿨버스를 타거나 마중 나온 보호자의 차에 타거나 아주 드문 경우지만 걸어서 집에 갔다. 나는 헬싱키의 학교에도 비슷한 절차가 있을 것이라고 생각했다. 하지만 내 질문을 들은 동료교사들은 이해할 수 없다는 표정이었다.

지금은 동료들의 혼란스러운 표정이 확실히 이해된다. 헬싱키의 교사들은 학생들을 출입구까지 인솔하지 않기 때문이다. 아이들은 스스로 교실에서 나가 혼자서 하교한다. 그것은 1학년도 마찬가지다.

다음 날 나는 학교에서 동료교사들이 하는 대로 따라 했다. 마지막 수업이 끝난 후 아이들을 해산시키고 출입구까지 바래다주지 않았다. 그래도 궁금해서 아이들이 복도에 있는 사물함에서 책가방을 꺼내는 모습을 지켜봤다. 몇몇은 휴대전화로 부모님께 연락했는데, 내게는 아주 낯선 풍경이었다. 그뿐 아니라 부모님께 이제 혼자서 집에 간다고 말하는 통화 내용도 들렸다.

나중에 나는 우리 반 5학년 아이들을 대상으로 이에 관한 조사를 해봤는데 4분의 3이 혼자서 통학하고 있었다. 그리고 일부는 지하철을 타고, 몇몇은 트램(tram, 도로상의 일부에 부설한 레일 위를 주행하는 노면전차-옮긴이)을 타고, 나머지는 걷거나 자전거를 타고 집에 간다는 것을 알게 됐다.

그해에 내가 만난 2학년 여자아이는 집까지 혼자 걸어간다고 했다. 그 아이의 집은 헬싱키의 중심가를 가로질러 1킬로미터쯤 되는 거리에 있었다. 아이는 집에 도착하면 아무도 없을 때가 많은데, 혼자 있다고 해서 빈둥대는 것이 아니라 숙제가 있으면 숙제를 끝내고, 간식을 만들어 먹는다고 했다. 계란프라이는 아이가 제일 좋아하는 간식이었다. 이 이야기를 우리 반 학생 두 명에게 했더니 "뭐 별일도 아닌데요."라는 반응이었다. 더욱이 그중 한명이 자신은 유치원 때부터 혼자서 다녔다는 말을 했을 때는 마치 내가 다른 세상에 와 있는 느낌마저 들었다.

대체로 핀란드 어린이들은 미국 어린이들보다 훨씬 더 자율적이다. 유전적으로 핀란드인이 유독 독립적이어서 그런 것은 아니다. 관찰해보면 핀란드 아이들은 집과 학교에서 남의 도움을 받지 않고 스스로 일처리할 기회를 많이 얻는다. 그런 기회들을 통해 더 자기주도적인 학습자로 성장하는 게 아닐까 싶다.

미국에서 교직생활을 할 때, 나는 학생들의 자율성(autonomy)을 길러주려고 노력했다. 특히 새 학년이 시작될 때 더욱 그랬다. 하지만 핀란드에서는 우리 반 5학년 학생 대부분이 이미 상당히 독립적이어서 나의 교육방식을 재고하지 않을 수 없었다. 자율성이 행복의 주요 요소라는 사실은 논문에도 나온다(Pinsker, 2016). 헬싱키에서 아이들을 가르치는 2년 동안 나는 그 사실을 직접 확인할 수 있었다. 학생들의 자율성을 길러주려고 어떤 결정을 내릴 때마다 아이들은 그 일을 훌륭히 해내곤 했다.

핀란드 쿠오피오에 있는 니이랄라유치원(Niirala Preschool) 선생님들과의 인터뷰에서, 나는 교실에서 즐거움을 촉진할 수 있는 가장 좋은 방법이 무엇이냐고 물었다. 교사와 학생과의 좋은 관계(소속감) 다음으로 그 선생님들이 꼽은 것은 아이가 수업에 영향력을 발휘할 수 있는 기회였다. 그들은 즐거움과 자율성의 연관성도 인정했다. 핀란드의 최근 교육과정 개혁에서는 학습의 즐거움을 우선시하고 협력적인 학습환경을 조성하는 것, 학교 안팎에서 학생의 행위주체성(student agency, 학생이 자신의 삶과 세상에 긍정적 영향을 미칠 수 있는 능력과 의지를 가진 존재라는 믿음을 바탕으로 학생 스스로 목표를 세우고 성찰하며 책임 있게 행동하는 역량-옮긴이)을 키우는 것을 주된 역점으로 꼽는다(Halinen, 2015).

이전부터도 학생의 자율성을 높이는 것이 중요하다고 생각해 왔지만, 그 부분을 우선순위에 놓고 한층 더 계발할 필요가 있다는 점을 인정한다. 지극히 독립적인 핀란드 아이들과 생활하면서 나는 학생의 행위주체성을 높이는 몇몇 교수전략을 파악했다.

15

처음부터 자유 허용하기

학급활동이나 프로젝트의 첫 단계부터 자유를 주어라

대학원에서 교사교육을 받을 때 나는 스캐폴딩(sca-ffolding, 학습자가 주어진 과제를 잘 수행할 수 있도록 교사나 또래가 일시적으로 제공하는 교육적 지원-옮긴이)이 현명한 방법이라는 이야기를 수도 없이 들었다. 구체적으로는 '학습에 대한 책임의 점진적 이양(gradual release of responsibility, GRR)모델'을 굳게 믿었는데, 이 이론은 아이들이 더 큰 자유를 누릴 준비가 되어 있는지 확실해질 때까지는 교사가 학생의 자율을 제한해야 한다는 내용을 담고 있다. 그러다 보니 오래전부터 나는 어떤 학습경험을 시작할 때 처음부터 학급을 단단히 통제하려고 노력했다.

그러나 헬싱키에서 교직생활을 시작하면서부터는 이런 생각이 더는 옳다고 생각되지 않았다. 우리 반 5학년 아이들은 이미 할 줄 아는 일이 아주 많았고, 교실 밖에서 자유가 주어져도 무슨 일이든 스스로 잘해나가는 것 같았다. 나는 책임을 서서히 넘겨줘야 한다는 생각을 뒤집으면 오히려 더 효과적이지 않을까 하는 궁금증이 생겼다. 교실에서 여러 가지 제약을 가하는 대신 처음부터 아예 자유를 준다면 어떻게 될까? 내가 돌파구를 찾은 것은 새 학년이 시작되고 몇 주가 흐른 뒤였다.

캠프학교 모금을 위해 아이들 스스로 일과시간 중에 빵 판매행사를 열고 싶어 했다. 솔직히 처음에 나는 그 아이디어가 탐탁지 않았다. 내가 관리자 역할을 해야 할 일이 또 하나 생기는 것으로 느껴졌다. 그러나 학생들은 내 도움 없이 행사를 진행할 수 있다고 주장했다. 결국 해도 좋다고 허락했는데, 아이들은 나를 깜짝 놀라게 했다. 아이들 스스로 전단지를 만들고, 참가신청서를 작성하고, 많은 빵을 가져오고, 비품을 배치하고, 모든 제품에 가격표를 붙였다. 이 모든 일이 나의 지시 없이 이루어졌다. 나는 학생들을 감독하면서 필요할 때 도움을 청할 수 있도록 자리를 지켰지만, 전체 과정에서 아이들의 손을 붙잡고 이끄는 일은 없었다. 그렇게 첫 번째 판매행사는 성공리에 치러졌다. 캠프학교를 위한 거금을 마련했을 뿐만 아니라 더 큰 자율이 주어졌을 때 개인적으로나 전체적으로나 아이들이 얼마나 큰 성과를 이루어낼 수 있는지를 보여줬다.

첫해가 조금 지났을 무렵, 5학년 교사 한 명과 나는 '독립학습주간(Independent Learning Week)'을 시험해봤다. 교과 담당교사도 몇 명 참여했다. 독립학습주간을 시작하면서 학생들에게 거의 모든 과목에서 완수해야 할 과제목록을 제시했다. 그리고 며칠간 정규수업은 없다고 이야기했다. 대신 학생들에게는 각자 속도에 맞춰 과제들을 완수할 수 있는 자유시간이 주어졌다. 도움이 필요하면 학생들이 우리를 찾아올 거라고 믿었다.

독립학습주간 동안 우리는 교실을 돌아다니지도 않았고, 어깨 너머로 학생들을 들여다보지도 않았다. 학생들이 먼저 과제와 씨름할 기회를 주기 위해서였다. 동료교사와 나는 아이들에게 15시간에 달하는 상당한 교육시간을 일임했는데, 놀랍게도 전혀 걱정되지 않았다. 빵 판매행사를 비롯한 여러 가지 일들로 나는 학생들이 많은 자율을 누릴 때 오히려 더 잘 해낼 수 있다는 것을 알고 있었다. 이번에도 학생들은 나를 감동시켰다. 추가시간이 필요할 때도 있었지만 모든 아이가 무사히 과제를 완수한 것이다.

미국 교사 중에도 이런 이야기를 하는 사람들이 있다. 교사는 학생에게 지식을 전달하는 '무대 위의 현자(sage on the stage)'라는 전통적인 모델에서 벗어나, 한발 물러서서 학생들이 의미를 찾도록 격려하고 그 과정에서 필요하면 코치해주는 '무대 옆의 안내자(guide on the side)' 역할을 해야 한다는 것이다. 이 방법도 지혜롭기는 하지만, 내가 제안하는 전략 '처음부터 자유 허용하기'와는 차이가 있다.

나는 아이들이 학습에 부담감 없이 접근할 기회를 더 많이 주라고 권하고 싶다. 핀란드에 머무는 2년 내내 나는 학생들이 위기상황 앞에서 기지를 발휘하는 모습을 자주 목격했고, 아이들이 수많은 일을 스스로 해내는 것을 보고 깜짝 놀랐다.

처음부터 자유를 준다는 것은 수업 전에 사전평가(pretest)를 실시하는 것과 비슷하다고 볼 수 있다. 처음부터 자유를 주면 아이들은 학습 초기 단계에 자신이 무엇을 알고 있는지 보여줄 수 있는 기회를 얻는다. 제대로 설계된 사전평가는 교사의 지도가 필요한 시작점이 어디인지 알려준다는 점에서 현명한 방법이라 할 수 있다. 더 효율적인 수업을 위한 길을 닦아주는 셈이기 때문이다.

핀란드에 가기 전, 나는 학년 초 또는 학급활동이나 프로젝트의 초기 단계에 학생들에게 너무 큰 자유를 허용하는 걸 경계하곤 했다. 내가 손잡아주지 않으면 학생들이 옆길로 빠질까 봐 두려웠기 때문이다. 하지만 지금은 생각이 달라졌다. 처음부터 자유를 주는 방법이 마치 사전평가처럼 학생들이 이미 할 수 있는 일이 무엇인지 파악할 수 있어서 오히려 합리적이라고 생각한다.

때때로 아이들은 독자적으로 완수하기 어려워 보이는 과제를 하고 싶어 한다. 자신의 독서 수준을 넘어서는 책을 읽는다든지, 아주 어려운 수학문제를 푸는 것이 그 예이다. 이럴 때 교사에게는 두 가지 선택지가 있다. 하나는 학생들이 그런 도전에 뛰어들도록 내버려 두는 것이고, 다른 하나는 하지 못하게 말리는 것이다. 미국에서도 그랬지만, 내 경험에 의하면 학생들은 잠재적 함정이 예상되더라도 선생님이 허락해서 그들의 능력을 믿는다는 신호를 주면 용기를 얻어 어려운 일을 기꺼이 시도한다. 설령 목표 달성에 실패하더라도 손해는 없다. 아직 충분히 준비되지 않았음을 스스로 알게 됐다는 데 의의가 있기 때문이다. 그리고 학습과정에서 아이들은 이런 시점에 이르면 더 열린 마음으로 교사의 지도를 받아들일 가능성이 커진다.

나는 핀란드에서 가르치던 두 번째 해에 한 학생으로부터 이메일을 받았다. 〈카훗(Kahoot)!〉이라는 퀴즈 웹사이트를 수업에 활용하자는 제안이 담겨 있었다. 아이는 "학교 밖에서 그 웹사이트를 활용한 적이 있는데 정말 좋았다."라는 경험담을 짤막하게 덧붙였다. 처음에 나는 헬싱키의 학생들이 빵 판매행사를 열고 싶다고 했을 때와 마찬가지로 이 아이디어에 회의적이었다. 퀴즈 웹사이트는 학생들 사이에 불필요한 경쟁심을 높일 거라는 생각이 들었고, 그런 상황은 절대로 피하고 싶었다. 그리고 〈카훗!〉 같은 새 프로그램을 배울 여력이 없다고 생각했다.

하지만 이 학생에게 노골적으로 '안 된다'고 답하지는 않았다. 대신 윤리시간에 이 아이디어를 토의해보자고 했다. 나는 아이들과 함께 퀴즈 웹사이트를 사용해 학생을 등급화하는 행위가 가지는 윤리적 의미를 탐구해보고 싶었다.

토론을 통해 우리는 퀴즈 웹사이트를 수업에 활용하기에 적절한지를 알아내는 가장 좋은 방법은 직접 테스트해보는 거라는 데 의견을 모았다. 그 과정에서 나는 우리 반 학생들의 상황대처능력을 또 한 번 확인했다. 내게 이메일을 썼던 학생의 주도로 6학년 학생 몇 명이 독립적으로 퀴즈 문항을 만들어낸 것이다. 윤리과목 한 단원의 내용에 부합하는 질문을 제시하는 형태였다. 나는 나중에야 퀴즈 구성작업이 그리 어렵지 않다는 것을 알게 되었지만,

학생들은 그보다 앞서서 퀴즈를 준비했다.

마침내 퀴즈를 테스트하는 시간이 되자 교실은 흥분의 도가니가 되었다. 아이들은 각자의 스마트폰을 사용해 혼자서 혹은 짝과 함께 퀴즈를 풀었다. 긴장감 넘치는 배경음악이 깔린 가운데 선다형 질문에 답하는 건 무척 재미있었고, 이 놀이와도 같은 평가를 교사가 아닌 학생들 스스로 만들어냈다는 사실에 모두가 고무되었다.

만일 처음 이메일을 보낸 학생에게 내가 단칼에 '안 된다'고 말했다면 이 재미있는 수업도구를 발견할 수 없었을 것이다. 무엇보다도 나는 아이들이 스스로 어떤 일을 할 수 있는지 확인할 기회를 놓쳤을 것이다. 그 일은 나에게 또 하나의 기념비적인 경험이 되었다. 통제를 풀고 학생들이 처음부터 더 많은 책임을 지게 하는 일이 얼마나 가치 있는 일인지를 재확인하는 순간이었다.

16

수업 중 여유시간 두기

개별지도와 피드백은 수업 중 여유시간을 통해 진행하라

　헬싱키의 학생들과 1년을 보낸 뒤, 나는 언어과목의 수업체계를 대폭 수정하기로 결심했다. 6학년 학생들이 이 수업시간의 대부분을 글쓰기 프로젝트에 쏟았으면 했기 때문이다. 글쓰기 프로젝트를 하려면 아이들은 자료조사, 초안작성, 고쳐쓰기, 편집은 물론이고, 친구들 또는 교사와 함께 논의시간도 가져야 했다. 글쓰기 능력을 키우려면 이런 작업을 할 기회가 많아야 한다고 생각했다.

　그해에 우리는 많은 수업시간을 학교 도서관 옆에 있는 컴퓨터실에서 보냈다. 새로운 글쓰기 프로젝트가 시작되면 나는 학생들에게 과제내용을 설명한 종이를 나눠주고, 그에 대해 논의한 후에 개별적으로 작업하게 했다. 칠판 한 모퉁이에 공간을 마련해 나와 면담이 필요하면 이름을 쓰게 했고, 나 역시 학생들과 면담을 원할 때 같은 방법을 썼다. 면담시간에는 보통 일대일로 만나 학생이 쓴 글에 내가 써놓은 코멘트를 보면서 이야기를 나눴고, 그다음 단계를 합의했다.

언어 수업시간에 글쓰기 워크숍 형태의 새로운 시스템을 시행하자, 즉시 긍정적인 변화가 감지되었다. 나는 학생들에게 건설적인 피드백을 주는 데 훨씬 많은 시간을 할애할 수 있었고, 학생들은 이 까다로운 글쓰기 프로젝트에 훨씬 많은 시간을 들이게 되었다. 이 시간에 학생들은 각기 다른 단계의 글쓰기를 진행하고 있을 때가 많았다. 일부는 공책에 아이디어를 브레인스토밍하고, 일부는 컴퓨터실 가운데에 있는 테이블에서 회의를 했고, 일부는 컴퓨터 앞에 앉아 초안을 작성하고, 일부는 도서관에서 책을 읽었다. 나는 학생들이 글쓰기에 집중하고 있기만 하면 어떤 과정을 진행하는지 신경 쓰지 않았다. 몇몇 학생은 수업 중 음악을 들어도 되는지 물었는데 계속 글쓰기에 집중한다면 그래도 좋다고 했다.

이 새로운 방식이 모두에게 순조롭게 흘러간 것은 아니었다. 일부 학생은 이 접근법의 자기주도성에 완벽하게 부응해 처음에 내가 기대했던 것보다 훨씬 더 우수한 글을 완성했다. 그 학생들은 내가 독려하지 않아도 서로 상세한 피드백을 주고받는 습관을 들이게 됐다. 하지만 교사의 지도가 좀 더 필요한 학생들도 있었다. 바로 이 지점에서 나는 여유시간을 두는 전략의 중요성을 깨닫게 되었다.

교단에 서기 시작한 이후 처음 몇 년간 나는 여유 있게 수업을 계획한 적이 거의 없었다. 워낙 빈틈없이 수업지도안을 짜다 보니, 돌발행동을 하는 학생이나 다른 방해물 때문에 수업이 옆길로 샐 때가 많았다. 나는 핀란드에 와서야 수업시간 중 여유 두기, 즉 융통성 있는 시간 운용이 얼마나 중요한지를 이해하게 되었다. 그래야만 필요에 따라 교수학습 내용을 그때그때 조정할 수 있었기 때문이다.

하루 내내 수업시간마다 15분씩 휴식시간이 주어지는 핀란드의 학교에서는 여유를 경험하는 것이 자연스러웠다. 숙제에 대해 궁금한 점이 있는 학생은 휴식시간에 나를 찾아와 의논할 수 있었고, 학생들 사이에 의견 차이가 있을 때도 휴식시간을 이용해 문제를 해결할 수 있었다. 하루 중 언제라도 필요하면 학생들을 만날 수 있는 핀란드의 시간표는 무척이나 유익했다. 다행스럽게도, 반드시 이런 시간표를 운용해야만 교실에서 융통성 있는 시간 배치가 가능한 것은 아니다.

교사는 수업 중에 여유시간을 얼마든지 끼워넣을 수 있다. 그것은 내가 언어과목 수업을 글쓰기 워크숍 형태로 바꾸었을 때 분명히 확인할 수 있었다. 새로운 수업방식을 도입했을 때 학생의 대부분이 글쓰기 역량을 잘 키워나갔지만, 길을 잃은 듯 보이는 학생들도 있었다. 45분 내내 글쓰기를 했는데도 컴퓨터 화면에 띄워져 있는 단어가 겨우 몇 개뿐인 학생들도 있었고, 조용히 책을 봐야 할 도서관에서 잡담하는 소리가 들려오기도 했다. 초반에는 이런 형태의 글쓰기 수업이 모두에게 효과적이지는 않아서 교사의 적극적인 개입이 필요했다.

수업 후 15분간의 휴식시간을 활용해도 학생들과 면담할 수 있지만, 나는 수업 '도중에' 여유시간을 두는 것이 무엇보다 중요하다는 것을 깨달았다. 45분간의 수업 '후에' 개입하는 것은 결국 수업시간을 낭비하는 셈이나 마찬가지였던 것이다. 특히 수업을 힘들어하는 학생들에게는 즉각적인 피드백이 필요했는데, 다행히도 글쓰기 워크숍 형식을 이용하니 이들에게 즉각적인 피드백이 가능했다.

글쓰기 워크숍 시간에 학생들이 독자적으로 작업했기 때문에, 나는 수업에 많은 융통성을 발휘할 수 있었다. 학생 한 명 한 명과 면담할 수 있었고, 소모둠 단위로 만날 수도 있었고, 교실을 돌아다니면서 학생들의 진행상황을 간단하게 점검할 수도 있었다. 학생들에게 더 많은 자유를 주자 나에게도 더 많은 자유가 주어졌다.

글쓰기 워크숍 중 나는 가능한 한 빨리 학생들과 면담하고 싶었다. 학생들에게 면담이 가장 큰 도움이 되는 듯했기 때문이다. 그러나 모든 학생이 각자 글쓰기에 집중하기 전에 면담을 시작하는 것은 의미가 없었다. 그래서 나는 수업시간 처음 몇 분간은 시동을 거는 시간으로 삼았다. 가령, 공책을 깜박 잊은 사람은 없는지, 컴퓨터가 모자라지는 않은지를 점검하면서 학생들이 글쓰기 작업을 재개할 시간을 주는 식이었다. 모두가 자리를 잡은 것 같으면 칠판에 적힌 이름 순서대로 학생들을 개별적으로 만나기 시작했다.

면담을 통해 초반의 문제점을 해결해줬는데도 여전히 더 구체적인 지도가 필요한 아이들도 있었다. 예를 들어, 글쓰기 작업을 하지 않고 계속 딴짓을 하면서 시간을 보내는 아이가 있다면 그 아이에게는 개입이 더 필요하다. 가능하면 한 학생과 면담을 끝내고 다음 학생과 면담을 시작하기 전에, 도움이 필요한 학생에게 피드백을 주는 것이 가장 이상적이다.

내가 진행한 글쓰기 워크숍이 완벽하다고는 말할 수 없다. 하지만 학생들과 나는 시간적 여유를 갖고 자율적으로 작업할 기회를 더 많이 얻었다. 이 워크숍 모델을 고려해볼 만한 가치는 충분하지만, 수업에 여유시간을 두고 싶다고 해서 반드시 따를 필요는 없다. 핵심은 학생들에게 의미 있고 독립적인 작업을 할 시간을 많이 주는 것, 그래서 교사가 의미 있는 피드백을 제공할 기회를 많이 만드는 데 있다.

여유시간을 끼워넣는 게 가장 중요한 때는 하루의 첫 번째 수업 시간이다. 아이들은 매일 아침, 단 몇 분이라도 학교생활에 적응할 시간이 주어질 때 훨씬 더 수월하게 그날의 수업에 집중한다. 이를 위해 학생들이 교사와 인사를 나누고 교실에 들어서자마자 읽을 수 있도록, 연령대에 맞는 메시지를 준비해두면 좋다. 학생들은 그 메시지를 읽고 5분 동안 각자 의미 있는 작업을 수행하면 된다. 적절한 수준의 흥미 있는 책을 읽거나 간단한 산수문제를 풀어보는 것도 좋다. 충분한 시연(rehearsal)과 코칭(coaching)을 통해 이런 루틴 (routine, 날마다 규칙적으로 하는 일이나 절차-옮긴이)을 완전하게 익히면 교실에 몇 분간의 귀중한 여유가 마련된다. 이런 시스템을 통해 학생들은 하루를 느긋하게 시작할 수 있고, 교사는 숙제나 컨디션 등 학생들의 상태를 간단하게 점검할 수 있다.

실제로 나는 학생들이 교실에 들어올 때마다 이런 루틴을 효과적으로 실행하면 어떤 수업이든 여유를 갖고 매끄럽게 시작할 수 있다는 것을 알게 됐다. 더그 레모브(Doug Lemov)는 저서 『최고의 교사는 어떻게 가르치는가 2.0(Teach Like a Champion 2.0)』(2015)에서 이와 같은 활동을 '지금 해야 할 일(Do Now)'이라며 '훌륭한 수업의 첫 번째 단계'라고 강조했다. 그리고 '지금 해야 할 일'을 "학생들이 교실에 다 들어오기를 기다리며 할 수 있는 짧은 활동으로서 칠판의 필기나 인쇄물의 형태로 제시된다."라고 정의하면서 "어떤 형태가 되었든 매일 아침 이 활동이 교사보다 먼저 작용하기 시작한다."라고 설명했다(p. 161). 이 책에서 제시하는 4가지 핵심 활동은 다음과 같다.

- '지금 해야 할 일'은 매일 같은 장소에 게시해야 한다. 칠판에 써놓든 미리 게시판에 붙여놓든, 학생들이 교실에 들어오면 어디를 봐야 할지 정확히 알 수 있도록 해야 한다.

- '지금 해야 할 일'은 학생들이 교사의 지시를 받거나 다른 학생에게 묻지 않고도 스스로 마칠 수 있는 독립적인 활동이어야 한다.

- '지금 해야 할 일'은 3~5분 안에 마칠 수 있도록 해서 그날

의 주된 수업시간을 너무 빼앗지 않도록 해야 한다. 레모브는 이 활동이 종이에 연필로 쓰는 형태여야 더 진지하고 흥미로울 수 있고, 학생들도 한층 책임감을 느낄 수 있다고 주장한다(p.162). 하지만 나는 꼭 그렇게 생각하지는 않는다. 가령, 학생들이 좋아하는 책을 가지고 왔다면 그걸 읽게 하는 것도 간단하고 효과적인 활동이 될 수 있다고 본다.

- '지금 해야 할 일'은 대체로 '그날 배울 수업내용을 예습'하거나 '지난 수업내용을 복습'하는 형태로 이뤄져야 한다(p. 162). 물론 훌륭한 방법이지만, 나는 글쓰기 숙제와 같은 독립적인 프로젝트를 계속 진행하거나, 앞서 얘기한 좋은 책을 읽는 방법도 괜찮다고 생각한다.

레모브는 '지금 해야 할 일'과 같은 활동이 실패하는 가장 일반적인 원인은 교사가 (해당 활동에 대해) 아이들이 써낸 답을 확인하느라 시간을 제대로 분배하지 못하기 때문이라면서 "이 활동이 15분을 넘어가면 원래 계획했던 수업에 차질이 생긴다."라고 썼다(p.162). 이런 결과를 피하려면 이 활동을 검토하는 데 3~5분 이상 할애하지 말라고 권고한다. 합리적인 조언이다. 나의 경우, 이런 활동을 하는 가장 중요한 이유는 여유시간을 둬서 학생들과 내가 실제 수업에 들어갈 때 순조로운 출발을 하기 위해서이다. 레모브는 학생들에게 똑같은 활동과제를 주라고 하는데, 내 경험에 비추어 보면 학생들에게 어떤 활동을 할지 선택권을 주면 동기 유발에 큰 도움이 된다. 실제로 내가 가르치는 학생들은 다양한 선택지가 주어질 때 더 잘 해내는 모습을 보여줬다.

교육과정을 흥미와 연결하기
학생의 흥미와 열정을 최우선으로 고려하라

앞서 소개한 '독립학습주간'에 대한 실험은 학생들 전원이 작업을 끝냈다는 점에서는 성공적이었지만 한 가지 결함이 있었다. 학생들에게 선택권이 주어지지 않았다는 점이다. 주어진 과제를 언제까지 마칠 것인지 학생들이 선택할 수 있었다는 점에서는 그나마 자유가 주어졌다고 주장할 수도 있다. 하지만 우리 반 5학년 학생들 대다수는 그런 주장에 수긍하지 않을 것이다.

독립학습주간을 마친 후, 교실에 둘러앉은 학생들은 분명한 피드백을 들려줬다. 많은 학생이 특히 수학에서 과제가 너무 많았다고 느꼈다. 몇몇 학생들은 독립학습주간에 주어진 과제가 자신과 무관하고 지루하다고 느꼈다고 불평했다.

학생들의 피드백은 소중했지만 마냥 듣기 좋은 것은 아니었다. 결국 모두가 그 많은 작업을 끝냈다는 긍정적인 측면에 초점을 맞추고 싶었다. 하지만 독립학습주간에 그들 자신에게는 선택의 여지가 없었다는 점에서 다수의 학생이 불만을 토로했다.

그런 비판에는 나도 공감했다. 독립학습주간은 모든 학생에게 똑같은 과제를 한가득 부여하는 형태여서 개별 학생의 장점과 흥미를 고려하지 못했다. 그런 이유로 학생들에게는 선택의 여지가 없었던 셈이다. 아이들은 단지 교육과정에 맞춰 선생님의 지시를 따랐을 뿐이다.

그런 경험을 하고 나니, 독립학습주간을 다시 시도해야 할지 망설여졌다. 학생들이 자율적으로 작업하고 성과를 거두었다는 점에서 완전히 실패한 게 아니라는 걸 알지만, 다시 독립학습주간을 시행해 더 좋은 결과를 얻으려면 상당한 변화가 필요하다는 생각을 했다. 선택의 여지를 주려면 우선 학생들의 흥미와 교육과정을 더 잘 연결해야 하는데, 이 부분에 관해서는 나중에 다시 이야기하도록 하겠다. 돌이켜보면 독립학습주간에 제시된 과제들 대부분은 문제집에 나오는 수학문제 풀기처럼, 융통성은 없고 교사와 학생이 감당하기 쉽게 조절된 것이었다. 작업 도중에 학생들이 선택권을 발휘할 여지는 거의 없었다.

핀란드 쿠오피오에 있는 니이랄라유치원에서 만난 핀란드 교사들은 선생님이 해야 할 가장 중요한 일이 학생의 흥미와 교육과정을 연결하는 것이라고 했다. 이와 같은 융합을 촉진하기 위해서는 학생들의 흥미를 알아내야 하므로, 아이들을 관찰하고 그들의 흥미에 관해 이야기를 나누는 것이 교실에서의 최우선순위라고 했다. 한 교사는 만약 어떤 아이가 앵그리버드(Angry Birds, 새들이 돼지에게 도둑맞은 알을 되찾기 위해 장애물을 격파하는 내용의 모바일 게임-옮긴이)에 흥미를 보인다면 이것을 교실에서 지렛대로 활용할 수 있다고 했다. 처음에는 상상이 너무 지나치다고 생각했지만 일단 입을 다물었다. 그리고 회의가 끝날 무렵, 그 선생님에게 앵그리버드에 대한 아이의 흥미와 교육과정을 어떻게 연결 지을 수 있는지 아이디어를 달라고 부탁했다. 내게는 구체적인 예가 필요했다. 그 세 명의 유치원 교사들은 기다렸다는 듯이 다양한 가능성을 제안했다. 분류하기, 세어보기, 이름 짓기, 이야기 만들기, 역할극 등 교육과정과 관련된 활동을 줄줄이 나열했다. 끝이 날 것 같지 않자, 장난기 섞인 말투로 내가 "됐어요, 그만!"이라고 말할 수밖에 없었다.

교사들은 아주 간단하게 표현했다. 학생들의 흥미와 열정을 파악해서 교육과정과의 연계성을 찾은 다음에 그에 맞는 선택지를 주라는 것이다. 이 핀란드 유치원 교사들은 5세, 6세, 7세 아이들을 가르쳤지만, 나는 이 접근법이 어느 연령대를 가르치든 모든 교사에게 현명한 방법이라고 생각한다. 교실에서 의미 있고 흥미로운 과제를 제시하려면 교사가 교육과정을 잘 알아야 하고, 학생들의 흥미도 잘 알아야 한다. 나는 그동안 아이들을 가르치면서 모든 학생의 흥미를 파악하는 데 소홀했던 적이 많았다. 하지만 바로 거기서부터 시작해야 한다.

학생들의 흥미와 교육과정을 연계하는 간단한 방법 중 하나는 개방형(open-ended) 과제를 제시하는 것이다. 예를 들면, 모든 학생에게 같은 책을 읽고 독후감을 쓰라고 요구하는 대신, 각자 흥미 있는 책을 골라 읽고 나서 배운 점을 포스터, 슬라이드, 웹사이트 형태로 만들어 발표하도록 하는 것이다. 그러면 학생들은 문학적 요소와 관련된 교육과정을 잘 이해하고 있음을 입증해 보이면서도 상당한 융통성을 발휘할 수 있다.

핀란드에서는 교장이 매주 두 시간 정도 수업하는 경우가 흔하다. 나 역시 핀란드에서의 두 번째 해에 교장 선생님과 역사수업을 진행하며 새로운 시도를 했다. 우리는 6학년 학생들에게 핀란드 현대사 단원을 참고해 '호기심을 자극하는 질문'을 만들어보라고 요구했다. 참고도서와 공책을 뒤적여 아이디어를 만들어내도록 독려도 했다. 이전 수업을 통해 학생들은 '호기심을 자극하는 질문'은 단순히 과거의 일을 알아보기 위해 던지는 질문과 다르다는 사실을 알고 있었다. '호기심을 자극하는 질문'을 만들려면 철저한 자료조사와 건전한 논리가 필요했다. 대개 그런 질문은 '왜' 혹은 '어떻게'라는 말로 시작한다. 학생들이 호기심을 자극하는 질문(예: "핀란드에 청동기 시대가 도래하기까지 왜 그렇게 오랜 시간이 흘렀을까?")을 나열해 목록으로 만들어오면, 교장 선생님과 나는 그 질문들을 반 친구들과 돌려보며 공유해도 좋다고 허락했다. 그러면 학생들은 특정 질문을 함께 탐구하는 데 관심 있는 친구를 찾으러 나섰다.

이렇게 해서 모둠이 형성되면 교장 선생님과 나는 각 모둠이 어떤 질문을 선택했는지 확인하고, 혹시 내용 수정이 필요한지를 살폈다. 우리에게서 확인을 받은 학생들은 자료조사를 시작하고, 그 와중에 알게 된 사실들을 가지고 커다란 개념지도를 만들었다. 그리고 그 결과물을 가지고 발표시간을 가졌다. 대단한 프로젝트는 아니었지만 학생들의 흥미와 교육과정이 잘 연결되었고, 학생들도 즐거워했다.

핀란드 유치원 교사들의 제안처럼 흥미 있는 교육과정 기반의 활동이나 역사 프로젝트처럼 선택권이 내재된 개방형 과제를 제공하는 것은 교실에서 학생들의 자율성을 높일 수 있는 좋은 방법이다. 그런데 이보다 더 단순하고 더 강력한 방법이 있다. 바로, 학생들과 함께 계획하는 것이다.

공동으로 계획하기

교사와 학생이 협력하여 학습방향을 결정하라

헬싱키에서의 마지막 달에는 그 어느 때보다 더 적극적으로 학생들을 계획에 참여시켰다. 이 부분에서 내가 발전하기 시작한 시점은 핀란드에서 교사생활을 시작한 개학 첫 주로 거슬러 올라간다. 앞서 말했듯이, 이마에 빨간 여드름이 돋아난 5학년 학생 덕분에 핀란드 스타일의 휴식시간을 받아들였던 사건이 있었다. 그리고 평소에 복도를 어떻게 돌아다니는지 알려준 아이들 덕분에 복도에서 일렬로 걷는 연습을 해서 난처해질 뻔한 상황을 면할 수 있었다. 나는 학생들을 계획에 참여시킬 때 어떤 힘이 발휘되는지를 줄곧 목격해왔다. 교실에서 목소리를 내도록 허락하는 선에서 학생들은 얼마든지 지혜를 나눠주었다.

핀란드 학교에서 개학 첫 주를 맞이하기 전까지, 나는 계획이란 교사의 단독 책임이라고 믿었다. 그래서 오랫동안 아이들의 자율성을 효과적으로 개발할 수 있는 즐거운 기회를 놓쳤다. 하지만 개학 첫 주부터 여러 가지 결정적인 사건들을 경험하면서 학생들과 함께 계획하는 것이 얼마나 중요한지를 깨닫게 되었다. 한번은 윤리시간에 그런 결정적인 사건을 경험했다. 당시 5~6학년 교육과정의 핵심부분이었던 민주주의의 개념을 열 명의 학생들과 함께 공부할 때였다.

우리는 책상을 교실 한가운데로 모아놓고 거시적 관점으로 민주주의에 대해 토의하면서 그 핵심요소를 살펴봤다. 의회에 입후보한 헬싱키의 한 후보자의 도움을 받아 핀란드의 정부시스템에 대해서도 알아봤다. 하지만 내가 볼 때 가장 중심이 되는 부분은 학교 안에서 민주주의가 어떤 모습일까에 대한 논의였다.

본격적으로 수업을 시작하기 위해 나는 학생들에게 서드버리밸리학교(Sudbury Valley School, 미국 매사추세츠주에 설립된 자기주도형 대안학교-옮긴이)의 유튜브 영상을 보여줬다. 이 학교는 학생들의 학습에 거의 완전한 자유를 허용한다. 이 모델은 진정한 민주적 교육의 구현이라고 널리 알려져왔기 때문에, 우리 반 학생들의 반응이 궁금했다. 아이들에게 아주 많은 자유가 허용되는 이 학교의 특별한 교육방식을 보면 반 아이들이 한눈에 반하지 않을까 싶었다.

서드버리밸리학교의 학생들은 자신의 교육과정을 스스로 결정하고 하루 일과도 직접 짠다. 학교에 규칙이 있지만, 시행 주체는 어른들이 아니라 학생자치위원회이다. 몇 명의 성인들이 일과시간에 대기하면서 학생들이 요청할 때 도움을 제공한다. 이 동영상에 나오는 한 십 대 학생은 처음에는 매일 학교에 와서 컴퓨터 게임을 했지만 결국에는 그 상태를 벗어났다고 털어놓았다.

　동영상을 다 본 후에 학생들과 대화를 나눴다. 그런데 이 모델이 너무 급진적이라고 생각하는 6학년 학생들이 많아서 깜짝 놀랐다. 두 명의 학생은 서드버리밸리학교의 일부 학생들이 컴퓨터 게임으로 학교에서 시간을 허비한다는 사실에 속상해했다. 학생들의 비판은 좀 의외였다. 왜냐하면 이 문제에 관해 가장 기탄없이 말한 학생들이 자유시간의 상당 부분을 게임하며 보냈기 때문이다. 그날 6학년 윤리시간을 통해 나는 학생들이 모든 것을 혼자 알아서 하는 학교교육을 원치 않는다는 사실을 확인할 수 있었다. 학생들은 당연히 자유를 원했지만, 서드버리밸리학교의 '거의 완전한 자유'라는 모델을 원하지는 않았다. 나는 이 구분을 지금까지 충실히 지키고 있다.

　윤리시간에 학생들이 보여준 전반적인 반응은 내게 뜻밖의 안도감을 줬다. 토의가 시작되기 전에는 학생들이 서드버리밸리학교에 관해 알고 나면 우리 학교의 전통적인 교사-학생 관계나 그 밖의 여러 가지에 관해 불만을 가질 것이라고 생각했다. 하지만 토의과정을 통해 학생들은 교사 리더십과 학생 리더십의 조화를 원한다는 사실을 알게 되었다.

　바로 이런 관점에서 '공동으로 계획하기(coplanning)'를 도입하는 것이 합당하다. '공동으로 계획하기'란 교사와 학생이 서로 책임을 분담해 학습방향을 결정한다는 뜻이다. 교사와 학생은 이러한 협력을 통해 학교생활에서 최대한 많은 것을 얻을 수 있다. 핀란드는 개정된 새 교육과정에서 학생 행위주체성의 중요성을 강조하면서, 모든 종합학교(comprehensive schools)가 전체 학생(1학년부터 9학년까지)을 대상으로 아이들의 특별한 관심사와 부합하는 통합 학문적 단원을 학년도마다 하나씩 개발해 수업을 진행하도록 요구하고 있다. 뿐만 아니라 아이들은 이 통합 학문적 단원의 계획과정을 거들어야 한다(Halinen, 2015).

학생들과 함께 계획하는 방식을 점점 더 신뢰하게 되면서, 나는 민주주의에 관해 공부한 우리 반 6학년 아이들과 윤리 프로젝트를 공동으로 개발하기로 했다. 교육과정에 나와 있는 또 다른 개념인 '지속가능한 발전'에 대해 알아보기 위해 기본 용어를 정의한 후, 학생들과 최종 단원을 설계하기 시작했다. 민주적 학교라는 개념을 배우고 난 뒤여서인지 이 방법이 매우 적절하게 느껴졌다.

먼저 우리는 지속가능한 발전의 여러 사례를 브레인스토밍했다. 아이들이 특히 흥미를 보인 주제는 청정에너지, 그중에서도 태양에너지의 이용이었다. 우리 학교에는 고학년 학생들의 주도로 태양 전지판을 설치하는 프로젝트가 진행 중이었다. 그 프로젝트를 이미 많은 아이들이 알고 있었다. 학생들의 열의를 고려해 우리는 지속가능한 발전 중에서도 이 분야를 최종 단원의 주제로 삼기로 했다. 아이들은 시간이 더 많으면 좋겠다고 생각할 만큼 여러 가지 아이디어를 쏟아냈다. 처음에는 교실용 태양 전지판을 구매하는 방안에 관해서도 이야기했다. 그때 한 아이는 온라인에서 찾은 가격표를 보여주기도 했다.

최종적으로 우리는 적당한 방법을 하나 찾아냈다. 그래서 학교의 태양에너지 프로그램 담당 선생님에게 우리 교실에서 진행되는 발표에 참석해달라고 부탁했다. 학생들은 태양 전지판에 대해 알게 된 사실을 이 담당교사와 공유할 생각이었다. '전문가'에게 뭔가 새로운 정보를 알려주겠다는 취지였다. 또한 이 교사에게서 학교의 프로젝트에 관해 자세히 들어보는 시간도 마련했다. 그리고 재미 요소를 덧붙이기 위해 학생들은 발표내용에 기반한 〈카훗!〉 퀴즈를 만들어서 청중의 참여를 유도하기로 했다. 청중에는 이 담당교사를 따라온 저학년 학생들도 몇 명 있었다.

학기가 거의 끝나갈 무렵이어서 준비시간은 2주일, 수업시수로는 네 시간 정도였던 것으로 기억한다. 하지만 학생들은 그 짧은 시간에도 '공동으로 계획하기'가 주는 교육적 가치를 계속해서 증명해 보였다. 준비단계에서 나는 아이들의 동기 수준, 관심도, 그리고 우수한 결과물을 만들어내겠다는 의욕이 높아졌음을 확인했다. 태양 전지판을 주제로 한 발표는 점수가 매겨지는 프로젝트가 아니었다. 그런데도 이 열 명의 6학년 학생들은 점수를 매기는 모둠별 작업을 할 때보다 더 열심히 노력하는 모습을 보여줬다.

당일 수업의 기본 요소를 정한 다음, 학급 전체가 제일 먼저 한 일은 태양 전지판에 관한 학생들의 궁금증을 발표용 슬라이드의 기본 틀로 간단히 디자인하는 것이었다. 이 기본 틀을 완성한 후에 학생들은 모둠별로 스마트폰을 이용해 궁금증에 대한 자료조사를 시작했다. 학급에 있는 컴퓨터는 주로 슬라이드쇼를 준비하는 데 활용되었다. 학생 두 명이 이 작업을 맡았다. 발표 초안이 나오기 시작하자, 그것을 교실 전면에 있는 스크린에 비춰 모두가 진척 상황을 알 수 있게 했다. 두 학생은 내 권유나 지시가 없었는데도, 학교 밖에서 협업을 이어갈 방편으로 슬라이드 발표자료를 구글 드라이브에 올려 공유했다. 숙제가 아니었는데도 집에 가져가서 할 만큼 학생들은 이 발표를 중요하게 생각했다. 두말할 것도 없이 지켜보는 나는 아주 흐뭇했다.

발표 당일, 학생들은 모든 준비를 마쳤다. 아이들은 태양에너지 프로그램 담당교사와 저학년 학생들 앞에서 학습한 내용을 주도적으로 발표했다. 아이들은 태양에너지에 관해 분명하고 열정적으로 이야기했다. 이어서 태양에너지 프로그램 담당교사가 학교의 태양에너지 프로젝트에 관해 자세히 설명해줬는데, 그 장면은 마치 교사와 학생들이 학습내용을 맞교환하는 것처럼 보여서 신선하게 느껴졌다. 발표 후에는 학생들이 만든 재미있는 〈카훗!〉 퀴즈가 진행되었는데, 그야말로 화룡점정이었다.

학습을 공동으로 계획하는 방법은 아주 다양하다. 제일 중요한 것은 교사가 한 단원이나 프로젝트를 시작하기 '전에' 시간을 마련해서 학생들과 함께 학습방향을 논의하고, 이 논의를 바탕으로 단원이나 프로젝트를 꾸리는 것이다.

교직생활 내내 나는 도나 오글(Donna Ogle)이 1980년대에 개발한 'KWL차트'라는 대중적인 수업전략을 사용해 단원학습을 시작했다. 하지만 그게 단원학습에 상당한 영향을 끼칠 잠재력이 있어서 사용했다기보다는 해야 하는 활동으로 취급할 때가 많았다. 대개 종이나 포스터 보드를 세 칸으로 나눠 특정 교육과정 관련 주제에 대해 학생들이 이미 알고 있는 것(what I Know), 알고 싶은 것(what I Want to know), 그리고 단원이 시작된 후 이 주제에 대해 새롭게 배운 것(what I Learned)을 쓰게 하는데, 이 KWL차트는 단독 수업(stand-alone lesson, 앞뒤로 관련 수업을 하지 않고 일회성으로 끝낼 수 있는 수업-옮긴이)에서도 사용할 수 있다. KWL차트는 다음과 같이 만들 수 있다.

- 이미 알고 있는(Know) 것 : _____

- 알고 싶은(Want) 것 : _____

- 이번에 새롭게 배운(Learned) 것 : _____

KWL차트는 학생이 배경지식을 쌓고 본인의 지식이 얼마나 늘었는지 비교해볼 수 있는 합리적인 방법이지만, 개인적으로 나는 이 차트의 두 번째 항목에 문제가 있다고 생각한다. 학생들은 특정 교육과정과 관련된 주제에 대해 자신이 알고 싶은 내용(예: 물의 순환 또는 동물의 생애주기)을 열심히 기록하지만, 그렇게 기록된 구체적인 관심사는 해당 단원을 학습하는 방향성에 있어 의

미 있는 영향을 미치지 못한다. 아이들이 뭔가 새로운 걸 배운다는 사실을 기대하도록 만든다는 점에서는 의미가 있을지 모르겠다. 하지만 더 큰 의미를 갖게 하자면 학생들이 계획단계에서부터 주도권을 가지도록 해주는 편이 좋다. 따라서 '공동으로 계획하기'를 원하는 교사라면 "무엇을 알고 싶은가?"라는 질문에 좀 더 중점을 둘 필요가 있다.

여러 해 전에 나는 버지니아대학교의 캐롤 앤 톰린슨(Carol Ann Tomlinson) 교수가 '개별화수업(Differentiated Instruction)'이라는 주제로 일주일간 진행한 강좌에 참석한 일이 있다. 강좌가 시작되기 전날 저녁, 참석자들은 모두 강당에 모여 대학원생들의 진행에 따라 소모둠으로 나뉘었다. 진행자들의 안내로 참석자들은 개별화수업에 관한 관심사를 공유했고, 진행자들은 우리 의견을 강당 곳곳에 있는 차트에 열심히 받아적었다.

나는 호텔로 돌아가는 길에 톰린슨 교수가 그 차트를 둘둘 말아 손에 쥐고 강당 밖에 서 있는 모습을 봤다. 집에 돌아가서 그 차트를 펼쳐놓고 우리가 얘기한 내용들을 검토하려는 게 아닐까 싶었다. 이런 강좌를 수없이 진행한 베테랑 교수인 그녀가 참석자, 즉 '학생들'이 일주일간의 학습을 스스로 만들어가게 하려는 것이었다. 이것이 바로 학생들에게 목소리 낼 기회를 주고, 그들의 피드백을 반영해 학습의 방향을 잡는 '공동 계획'의 한 사례이다.

나와 내 도시 프로그램

실제 현실과 연계하라

오전 9시 45분. '게임'은 공식적으로 한 시간 뒤에 시작된다. 수십 명의 6학년생들이 긴장한 모습으로 작은 칸막이 안에서 있다. 시청, 식료품점, 은행까지 갖추어진 550제곱미터 넓이의 작은 도시 안이다. 학생들은 간단한 오리엔테이션을 받는 동안 이 특별한 학습공간에 적응하면서 서로 귓속말을 하기도 하고, 손가락으로 뭔가를 가리키기도 한다. 학생마다 특정 분야에서 직업을 하나씩 배정받았고(예: 기자, 영업사원, 관리인), 칸막이로 구획된 각자의 공간에서 근무시간이 끝나는 1시 25분까지 일해야 한다.

6학년생들은 이날 하루를 위해 교실에서 기업가 정신, 직장생활, 시민의식, 경제 등의 주제를 공부하며 몇 주를 준비해왔다. 각자의 칸막이 공간에서 이 12~13세 학생들은 전문가들의 도움을 받아 태블릿 컴퓨터로 하루 일정과 업무상 할 일을 꼼꼼하게 검토한다. 담임교사들은 뒤로 물러나 편히 앉아 있을 뿐이다. 어떤 교사는 그 도시의 작은 카페에서 산 커피를 홀짝이며 눈앞에 펼쳐지는 상황을 구경하기도 한다.

첫 번째 팀이 오전 10시 45분에 근무를 개시하면 이 작은 도시는 활기를 띠기 시작한다. 각 사업체의 이윤도 이윤이지만 평판도 걸려 있다. 몇몇 아이들은 '자유시간'부터 시작하는데, 이때 자신의 은행카드를 가져와 다른 상점에서 물건이나 서비스를 구매할 수 있다. 대부분의 6학년생은 근무부터 시작한다. 사장은 디지털은행 시스템을 통해 직원들의 임금을 지급하고, 그 도시의 에너지·폐기물 관리업체와 계약을 맺는다. 다른 전문직 종사자들은 고객 서비스에 관심을 기울인다. 아이들 80명이 역할극을 하는 이곳은 활력이 넘친다.

이번 학년도에 핀란드 6학년생들의 70퍼센트 이상이 이리티스킬라(Yrityskylä, '나와 내 도시'라는 뜻) 프로그램을 통해 비슷한 경험을 했다. 이 사업은 2010년에 6학년생 800명을 대상으로 진행된 시범사업 이후, 점점 더 규모가 커져서 매년 4만5천 명이 8개의 교육장 중 한 군데를 방문할 정도로 핀란드에서 큰 관심을 모았다. '나와 내 도시(Me & My City)' 프로그램은 70년 역사의 핀란드 비영리단체인 경제정보국(Economic Information Office)이 주관하며, 그 비용은 교육문화부, 지방자치단체, 민간재단, 그리고 이 프로그램에 실제 사업체로 등장하는 몇몇 핀란드 기업들이 부담한다.

'나와 내 도시' 프로그램은 국제적으로도 이미 혁신적이라고 인정받고 있다. 이 학습모델은 미국에서 주니어 어치브먼트(Junior Achievement, 청소년들에게 무료로 경제교육을 진행하는 국제 비정부기구-옮긴이)라는 단체가 시작한 '비즈타운(BizTown)' 프로그램에서 일부 영감을 받았다. 파시 살베리(Pasi Sahlberg)에 따르면 핀란드는 미국에서 교육에 관한 아이디어를 빌려다가 발전시켜서 전국 규모로 실행하는 버릇이 있다(Walker, 2016d). 그렇다면 미국은 왜 그 혁신적인 아이디어들을 직접 내고서도 핀란드처럼 하지 못할까?

이에 대해 살베리는 국가의 교육정책상 차이 때문이라고 지적했다. 그는 "미국 학교에서는 많은 것이 교육위원회의 결정에 따라 시행된다."라고 이메일에 썼다. 그러나 핀란드의 경우 명확하게 합의된 국가의 교육정책이 있어서 "전체 시스템의 우선순위, 가치, 주된 방향성을 설정"하며, 그 덕분에 궁극적으로 전국의 교육자들이 '나와 내 도시' 프로그램 같은 아이디어를 실행하는 데 충분한 재량을 발휘할 수 있다고 설명했다.

유럽경제교육협회(Association of European Economics Education)의 2016년 8월 학술대회에서 발표된 연구결과에 따르면 '나와 내 도시' 프로그램의 학습효과는 주목할 만하다. 이 연구에서, 핀란드 6학년생 900여 명은 경제지식과 저축행동을 측정하기 위해 객관식 문항으로 구성된 설문지(사전평가와 사후평가)를 작성했다. 예를 들면 "도서관은 공공서비스 기관이다. 그 경비는 어떻게 충당되는가?"와 같은 질문이었다. 설문 결과를 바탕으로 핀란드 바아사대학교 경제학과 교수이자 이 연구의 저자인 파누 칼미(Panu Kalmi)는 '나와 내 도시' 프로그램의 참가 경험과 풍부한 경제지식 사이에 상관관계가 '분명히' 존재한다고 결론지었다. 실제로 6학년생의 75퍼센트 이상이 그 프로그램이 경제문제와 저축에 대한 관심을 높여줬다고 보고했다. 이 결과는 학생들이 '나와 내 도시' 프로그램을 통해 동기부여가 되었음을 보여준다. 연구에 따르면 프로그램을 마친 후 저축에 부쩍 관심이 높아진 6학년생들이 실제로 저축을 시작하는 경우가 크게 늘었다(Walker, 2016d).

이전에 헬싱키에서 6학년을 가르친 핀란드 교사 모나 파알라넨(Mona Paalanen)은 이메일을 통해 "('나와 내 도시' 프로그램이) 우리 학생들에게 엄청난 동기를 부여했다."라고 전했다. '나와 내 도시' 프로그램에 참가할 거라고 공지하기 전부터 이미 학생들 다수가 이 프로그램에 관해 알고 있었고, 학생들의 열의가 워낙 높아서 열심히 하라고 따로 동기부여할 필요가 없을 정도였다고 했다. 파알라넨 선생님과 그 반 학생들이 가장 흥분했던 순간 중 하나는 교육장 방문에 앞서 진행된 구직 면접이었다. 구직 면접은 '나와 내 도시' 프로그램에서 권장하는 절차였다. 파알라넨 선생님은 학생들과 일대일 면담을 진행하면서, 이 작은 도시에서 맡고 싶은 역할에 관해 질문을 던졌다. 면접 후에 학생들은 선생님이 얼마나 '까다롭게' 질문을 했고, 인터뷰가 얼마나 '겁났는지' 이야기하며 웃었다. 그날 몸이 아파 등교하지 못한 한 아이의 학부모는 혹시 전화로 면접을 할 수 있느냐고 이메일을 보내왔다. 그 아이는 시장 역할을 위한 면접을 꼭 보고 싶어 했다. 그 '열의' 덕분인지 아이는 원하는 역할을 맡을 수 있었다.

'나와 내 도시' 프로그램을 경험한 다른 교사들과의 대화에서 나는 공통된 의견을 확인했다. 이 프로그램이 학생들에게 대단히 동기부여가 되며, 그 550제곱미터의 학습공간 전체에서 배움을 증진시키는 게 분명하다는 의견이었다. 헬싱키의 우리 반 아이들을 데리고 그 프로그램에 참여했을 때, 나 역시 같은 느낌을 받았다.

대망의 그날 우리 반 6학년생들은 긴장하면서도 흥분한 기색이 역력했다. 나는 학생들이 각각 다른 직업을 맡아서 작은 어른처럼 일하는 모습을 곁에서 지켜봤다. 맡은 일을 능수능란하게 처리하는 아이들이 대견하다고 생각했다. 아이들 대부분은 하루 동안의 체험 내내 만족감으로 상기된 얼굴이었다. 그렇다고 해서 모두에게 순탄한 여정이었던 것은 아니다.

적어도 한 모둠에서는 근무자들 사이의 협업에 차질이 생겼다. 그날 하루 만에 쉽게 해결될 문제가 아니었지만, 사실 어떤 작업환경에서나 발생할 수 있는 현실적인 문제였다. 학생들은 한번 겪어두면 언젠가 직업의 세계로 뛰어들 때 보탬이 될 만한 귀한 경험을 그날 얻었다.

전반적으로, '나와 내 도시' 프로그램은 우리 학급에 특별한 경험이었다. 학습을 축하하는 자리인 동시에 그동안 배운 내용을 응용하는 자리였다. 교실에서 배운 내용이 실제 세상에서 배우는 내용과 비슷하면, 아이들은 학교공부의 목적을 더 쉽게 이해할 수 있다.

　교사인 나는 직업훈련이 내 직업과 직결된다는 사실을 알고 있다. 나는 더 잘 가르치는 법을 배울 때 기쁨을 느낀다. 나만 그런 게 아니다. 미국, 핀란드 등지에서 만나본 많은 교사들 역시 이러한 직업적 목적의식으로 동기부여가 되어 있었다. 하지만 나는 학교에서 괴리감을 느낄 때가 있다. 교실에서 교사가 강한 목적의식을 갖는다고 해도 학생들도 꼭 그러리란 법은 없기 때문이다. 학교공부가 '실제 세상'과 어떻게 결부되는지를 아이들이 이해하려면 교사의 도움이 필요하다.

　교직생활 내내 나는 이 말이 사실임을 알고 있었다. 학생들에게 좀 더 목적 있는 학습이 되도록 작은 시도 몇 가지를 하면서도, 가끔은 나도 막막한 느낌이 들었다. 고백하면 나 자신도 교실과 실제 세상과의 연계성을 완벽하게 이해한 상태는 아니었다.

　나는 학생들에게 수학적 개념 같은 것을 배우는 근본적인 이유를 설명해주는 것으로 충분하다고 생각하곤 했다. 그러나 그것만으로는 공부가 갖는 사회적 의미를 알고 싶어 하는 학생들의 욕구가 충족된 경우는 거의 없었다. 늘 그렇듯이, 아이들이 학습을 더 현실감 있게 받아들이게 하려면 참고할 만한 좋은 본보기가 필요했다. 이런 점에서 '나와 내 도시' 프로그램이 어떻게 운영되는지 직접 확인하고, 핀란드 교실에서 몇 개의 강력한 본보기를 목격할 수 있었던 것은 감사한 일이다.

　한번은 동료인 파울라 하부 선생님의 1학년 교실에 갔다가, 조그마한 아이들이 진짜 바늘을 손에 들고 있는 모습을 봤다. 처음에는 파울라 선생님이 눈에 띄지 않아서 덜컥 겁이 났다. (나중에야 선생님이 작은 탁자에서 한 아이에게 바느질을 가르치는 모습이 눈에 들어왔다.) 나는 학생들이 진짜 바늘을 사용하고 있는 데깊은 인상을 받았지만, 파울라 선생님은 수업이 다소 불만족스러운 듯 보였다. 그는 바늘이 별로 뾰족하지 않아서 유감이라고 불만을 털어놓았다.

파울라 선생님의 교실에서 나는 금발 남자아이들이 바늘을 가지고 칼싸움을 하는 게 아니라, 바느질을 배우기 위해 바늘을 사용하고 있는 모습을 봤다. 나를 포함한 많은 교사가 교실에서 진짜 바늘을 사용하는 것은 조금 위험하다고 느낀다. 그런데 파울라 선생님은 학습을 위해 좀 더 현실적인 맥락을 조성함으로써 학생들에게 더욱 의미 있는 학교 수업을 만들고 있었다.

목공예 교실에서도 비슷한 현상을 목격했다. 목공예 교실은 일반적인 교실 서너 개 크기로 실제 목수들의 작업장과 흡사하다. 어느 날 오후 나는 목공예 담당 선생님에게 메시지를 전하러 갔다가, 우리 반 학생들이 무슨 작업을 하는지 궁금해서 교실을 둘러봤다. 그러다 교실 한구석에서 용접 중인 우리 반 학생을 발견했다. 아이는 커다란 가리개가 달린 보호 마스크를 쓰고, 한쪽 손에는 용접용 토치를 들고 있었다.

목공예 교실의 두 개 층 위에는 가정수업 교실이 있었다. 이곳또한 특이한 모습을 하고 있는데, 작은 주방이 갖춰진 교실 안에는 큰 칼 여러 개, 냉장고, 더러워진 앞치마를 빠는 세탁기가 놓여 있었다. 헬싱키에서 가르친 2년간 이 교실을 몇 차례 방문했는데, 갈 때마다 학생들이 실습에 몰두하고 있었다. 아이들은 모든 것을 스스로 준비했다. 나는 가정과목 선생님이 자유를 허용했기 때문이라고 생각하지만, 다른 요인도 있었다고 믿는다.

그중 하나는 실습의 분명한 목적성이다. 아이들은 가정수업 교실에서 어른이 되어서도 줄곧 써먹을 수 있는 요리법을 배우고 있었다. 이런 목적으로 진행되는 수업이라면 아이들은 상대적으로 재미없는 일, 예를 들면 설거지, 상 차리기, 세탁물 관리 같은 일에도 더 큰 의미를 느끼게 된다.

핀란드의 한 유치원 교실에서 아이들이 가짜 아이스크림과 가짜 돈으로 아이스크림 가게 놀이를 하는 모습을 본 적이 있다. 아이들이 실제 현금과 실제 아이스크림을 사용한다면 그 놀이는 더 현실감이 있겠지만, 이렇게 적은 준비만으로도 산수공부를 실생활에 연계하는 역할을 톡톡히 해낼 수 있다. (참고로, 그 유치원에서는 가끔 아이들을 가까운 아이스크림 판매대에 데려가 부모가 준 진짜 돈을 가지고 아이스크림을 사게 하기도 한다.)

'실제 현실과 연계하라'라는 전략을 실천하는 방식이 '나와 내 도시' 프로그램만큼 대대적인 규모이거나, 교실에 아이스크림 판매대를 설치할 만큼 거창할 필요는 없다. 진짜 바늘을 사용하는 정도로 사소해도 괜찮다. 현실감 있는 학습환경을 만들면 수업의 목적의식이 높아지고, 궁극적으로는 학습자에게 기쁨을 준다.

20

책임 부여하기

자신의 선택과 계획에 대해 스스로 돌아보고 책임지게 하라

헬싱키에서 학생들을 가르치고 핀란드 교사들을 인터뷰하면서 나는 '책임(responsibility, 여기서는 '의무'의 뜻이 강조되어서 어떤 일을 감당하고 처리할 의무가 있음을 말함-옮긴이)'이라는 단어를 반복해서 들었다. 미국 교육자들과의 대화에서는 이 단어를 별로 들은 적이 없다. 대신에 미국에서 가장 자주 들은 단어는 '책무(accountability, '책임'과 대비해 결과에 대해 '답변할 수 있고, 비난을 감당하고, 법적인 부담을 지는'이라는 뜻이 강조됨-옮긴이)'였다. 핀란드의 교육자들에게는 표준화시험이나 학교 감사에 대한 책무가 없다. 핀란드의 학교가 이런 책무 없이도 잘 작동하고 있는 이유는 높은 수준의 신뢰에서 나오는, 높은 수준의 직업적 책임 때문이라고 생각한다.

핀란드 교사들이 미국 교사들보다 더 신뢰받는다는 것은 그동안 교육계 내에서 수도 없이 들었다. 핀란드 교사가 왜 그렇게 높은 수준의 사회적 신임을 얻는지에 관해서는 다양한 이론이 있다. 그중에서도 가장 인정받고 있는 것이 핀란드에서는 교사의 지위가 매우 높기 때문이라는 이론이다. 핀란드에서 교사 자격을 얻으려면 교육학 석사학위에 상응하는 교육을 마쳐야 한다. 미국과 달리 핀란드는 대학의 교육학 프로그램 수가 아주 적은 데다가 합격률이 낮기로 유명하고, 교육학 전공 학생들은 엄격한 석사 논문까지 마쳐야 한다. 성적이 우수한 미국 대학 졸업생을 모집해서 미국의 도시 학교에 배치하는 '티치 포 아메리카(Teach for America)' 프로그램은 단 5주간의 훈련만을 요구하는 것으로 알려져 있다. 그런데 핀란드의 초등학교 교사 프로그램은 5년간의 훈련을 요구한다.

나 역시 핀란드 교사들이 미국 교사들보다 더 높은 신뢰를 받는다고 생각하는데, 그것은 지위상의 차이라기보다 문화적 차이에서 기인한 결과라고 본다. 나는 미국과 핀란드 모두에서 근면하고 믿음직한 교사들을 많이 만났다. 이런 점에서 미국 학교제도의 문제는 두려움에 기반한 '책무'가 너무 강조되고, 신뢰에 기반한 '책임'을 소홀히 해서 생긴 게 아닐까 생각한다.

핀란드 아이들에게는 어릴 때부터 많은 책임이 주어진다. 앞서 말했다시피, 헬싱키의 우리 반 학생 다수가 매일 혼자서 통학한다. 유치원생 정도의 어린아이들이 부모 없이 헬싱키의 공원을 놀러다니고, 학생들이 학교 카페테리아에서 스스로 식사하고, 교사 없이 복도를 걸어다닌다. 이와 같은 사소한 차이도 눈에 띄었다. 아이들에게 이런 책임이 주어진 것은 '지위가 높아서'가 아니라 스스로 잘 해낼 것이라고 어른들이 믿어줬기 때문이다.

핀란드의 교사들도 비슷한 경험을 하는 것 같다. 핀란드의 행정가와 학부모들은 교사의 직업정신을 존중하고 자국의 교사들을 신뢰한다. 교사들이 외부의 압력 없이도 일을 잘 해낼 수 있다는 믿음이 일반적이고, 결국 그런 믿음은 모두를 더 행복하게 만든다. 두려움 때문에 책무를 다하려고 노력하게 된다면, 유의미한 책임을 다할 때의 기쁨을 경험할 기회는 사라지게 된다.

이런 원리는 성인과 아이 모두에 적용된다. 최근에 나는 아들 미사이얼과의 관계에서 비슷한 역학관계를 경험했다. 네 살배기 미사이얼은 자동차 창문을 올리고 내리는 법을 알아냈다. 처음에 아내와 나는 아이가 습득한 이 새로운 기술이 조금 걱정되었다. 아이는 안전하게 카시트에 고정되어 있어서 혼자 힘으로 차에서 빠져나올 수 없었지만, 혹시나 차에서 떨어지면 어쩌나 하는 두려움이 생겼다. 그래서 우리는 '책무성'을 발휘하기로 했다. 아이에게 창문을 약간만 내릴 수 있게 하고 창문을 고정하는 것이었다.

그러나 창문을 고정함으로써 우리가 자신을 신뢰하지 않는다는 사실이 드러나자, 네 살짜리 아이는 심통이 났다. 아이는 창문 내리기를 더는 즐거워하지 않았고, 차를 탈 때마다 심술을 부렸다. 이런 일이 몇 번 벌어지자, 우리는 아이에게 새로운 시도를 해보자고 제안했다. 우리가 더는 창문을 잠그지 않기로 하고 혼자서도 잘 해낼 수 있는지 지켜보겠다고 한 것이다. 아내와 내가 방침을 바꾸자 아이의 태도는 금세 바뀌었고, 창문을 조금만 연다는 규칙을 어기지도 않았다.

처음에 우리는 두려움과 신뢰 부족으로 아이에게 자유를 주지 않았다. 그래서 아이는 의미 있게 책임을 다할 수 없었다. 하지만 창문을 올리고 내리는 책임이 온전히 아이에게 있다는 믿음과 신뢰를 보여주자, 아이는 성공적으로 책임을 다했고 행복해했다.

미국의 학교제도가 핀란드처럼 신뢰하는 문화를 도입할 수 있으리라고 생각하기는 어렵지만, 교사들이 이런 신뢰의 태도를 교실에 도입할 수는 있다. 학생들을 믿고 좀 더 큰 자유를 주면 아이들은 나이에 걸맞게 책임을 다할 수 있는 기회를 더 많이 갖게 된다. 앞부분에서 나는 '처음부터 자유 허용하기'라는 전략을 제안했다. 그것 역시 신뢰를 요구하는 접근법이지만, 여기서 제안하는 '책임 부여하기'라는 전략은 그보다 한발 더 나아간다. 교사는 수업이나 단원의 시작 부분에서만이 아니라, 매일 교실에서 이 원칙을 적용하려고 노력할 수 있다.

핀란드 반타라는 도시의 외국어 교사였고 2015~2016년에 풀브라이트 장학생으로 미국 인디애나주에서 가을학기를 보낸 타루 포톨라(Taru Pohtola)는, 교실에서 학생들에게 더 많은 책임을 부여한다면 미국 교사들이 겪는 스트레스도 줄일 수 있다고 했다.

일반화할 수는 없지만, 많은 미국 학교에서는 교사들이 매일 학생들의 숙제를 걷고 몇 시간씩 그 숙제를 채점하는 것이 아주 흔한 일인 것 같다. 교사로서 표준화시험 등의 압박 때문에 그럴 필요가 있다고 느낄 수 있지만, 모든 걸 끊임없이 평가받는 것은 학생들에게는 큰 스트레스일 수 있다. 나는 그로 인해 배움이 주는 진짜 기쁨이 줄어들지 않을까 우려스러웠다. 핀란드에서는 교사가 숙제를 내주고 학생들이 수업시간 또는 집에서 숙제를 위한 활동을 하더라도, 몇 가지 특별한 경우를 제외하면 숙제에 점수를 매기는 일은 거의 없다. 교사가 하는 일은 수업 중 학생들과 함께 숙제와 연습문제를 검토하는 정도이다. 모든 것은 학습과정의 일부로 여겨진다. 학생들에게 더 많은 책임을 부여하면 자연스럽게 교사의 부담이 줄어든다. 또한, 책임을 지는 것은 학생들에게 꼭 필요한 삶의 기술이다. 그러므로 학생들이 그런 기술을 연습할 수 있도록 해주는 것은 중요하다.

교사로서 우리는 평가라는 영역에서도 학생들에게 책임을 부여할 수 있다. 타루 선생님은 학생들이 스스로 평가할 수 있게 하라고 배웠으며, 가끔은 학생들이 시험지에 스스로 점수를 매기게 한다고 말했다. 그 결과, 업무 부담과 스트레스가 줄었다고 했다.

예를 들어, 단어 쪽지시험을 교사가 직접 고쳐주고 채점하는 대신, 학생들에게 정답을 바로 알려주고 얼마나 잘했는지 직접 확인하게 할 수 있다. 이렇게 하면 교사는 시험보다 더 중요한 부분에 집중할 수 있고, 학생들도 즉각적인 피드백을 받기 때문에 결국 더 많은 것을 배운다. 즉, 시험마저도 하나의 학습경험으로 간주할 수 있다. 마지막에 시험지를 걷어서 어느 학생에게 도움과 연습이 더 필요한지를 확인하기만 하면 된다. 이런 방법으로 얻는 정보는 교사가 직접 채점했을 때 얻는 정보와 똑같지만 교사는 많은 시간을 절약할 수 있다.

학생에게 책임지도록 독려할 방법은 많지만, 어떤 방법을 택하든 그 시작은 신뢰에 있다. 학생들에게 항상 충분한 자유를 주고 학습에 대해 유의미한 책임을 지게 하고 싶은가? 교실에서 학생들에게 합리적인 수준의 자유를 주는 데는 물론 위험이 따른다. 아이들이 실패할 수도 있기 때문이다. 하지만 잠재적인 이득은 굉장하다. 스트레스가 줄고, 교사의 업무부담이 줄며, 무엇보다 학생이 자신의 학습에 더 많은 주인의식을 갖게 되어 학업 성공과 즐거움이 촉진된다.

핀란드 학교에서 교직생활을 시작했을 때, 반 아이들에게 나눠 줄 바인더나 폴더가 충분하지 않다는 사실을 알고 당황한 적이 있다. 다른 선생님들처럼 줄이 있는 공책, 격자무늬 공책, 줄이 없는 공책을 받긴 했지만, 바인더나 폴더가 없으면 낱장으로 된 종이는 어떻게 보관하고 관리하라는 건지 알 수 없었다. 미국에서는 공책만 쓰는 학생을 본 적이 없었다.

다행히 나는 판지로 만들어진 잡지 보관함을 충분히 확보할 수 있어 학생들에게 나눠주고 정리 목적으로 활용하게 했다. 학생들은 보관함을 책상 위에 올려놓고, 낱장으로 생기는 종이들을 거기에 넣어두었다. 그런데 시간이 지나면서 문제가 생겼다. 보관함을 마련해주고 유인물을 나눠준다고 해서 학생들이 정리를 잘하는 것은 아니었기 때문이다. 나는 종종 학생들에게 그래픽 오거나이저(graphic organizer, 추상적인 개념을 그림으로 간명하게 도식화하는 도구-옮긴이)를 나눠줬는데, 아이들은 이 종이를 잡지 보관함에 아무렇게나 쌓아두곤 했다. 결국 보관함은 흘러넘치기 시작했고, 학교 수업이 끝나면 교실 곳곳에 흩어져 있는 유인물이나 책이 눈에 띄었다. 그럴 때마다 나는 아이들의 보관함에 다시 넣어주곤 했다. 또, 공책을 나눠주긴 했지만 필기할 기회를 충분히 주지 않아서 아이들은 공책을 체계적으로 활용하지 못하고 있었다.

첫 학년도가 끝난 뒤, 나는 이미 상태가 나빠진 잡지 보관함을 모두 내다 버렸고, 이듬해에는 다른 방법을 시도했다. 많은 동교 교사들이 하는 대로, 학생들에게 공책만 나눠준 것이다. 때문에 아이들은 이제 자기 물건을 스스로 책임져야 했다.

단순한 변화였지만 이듬해에 우리 반 학생들의 정리능력은 한층 개선되었다. 학교가 끝난 후 교실에 나뒹구는 종이도 거의 찾아볼 수 없었다. 그해에 나는 그래픽 오거나이저도 적당히 주는 것이 낫겠다고 판단했다. 결과적으로 학생들은 정보기록의 책임을 잘 소화해냈고, 노트필기 요령도 향상되었다.

이 경험을 통해 나는 잡지 보관함이나 그래픽 오거나이저 같은 '의존 장치'를 제한하는 것이 궁극적으로는 학생들이 자신만의 정리법을 키워나가는 데 도움이 된다는 것을 배웠다. 교사가 해야 할 중요한 역할은 학생들이 자신의 학습을 스스로 책임질 수 있도록 충분한 자유가 보장되는 교실을 만드는 것이라는 사실이 더욱 분명해졌다.

Mastery

숙달을 위한
수업 테라피

2001년 12월 4일, 제1회 PISA(Programme for International Student Assessment, 국제학업성취도평가) 결과가 발표되었다. OECD(Organization for Economic Cooperation and Development, 경제협력개발기구) 회원국 중 핀란드가 읽기, 수학, 과학 세 분야 모두에서 가장 성적이 좋았다(Sahlberg, 2015). 『핀란드의 끝없는 도전(Finnish Lessons)』(2015)에서 파시 살베리는 다음과 같이 썼다.

> 이 새로운 국제비교연구에서는 이전에 존재했던 일본, 한국, 홍콩과의 성적격차가 좁혀진 것으로 나타났다. 이 시험을 통해 입증했듯이, 핀란드 학생들은 동아시아 학생들 사이에 특히 만연한 개인교습, 방과후수업, 많은 양의 숙제 없이도 모든 지식과 스킬을 습득한 것으로 보인다. 더구나 핀란드는 표본 내에서 학교 간 교육격차가 비교적 작았다. …… 그 후 두 번에 걸친 PISA 시험, 즉 2003년과 2006년의 시험으로 핀란드의 명성은 더욱 높아지고 공고해져서, 핀란드 교육에 대한 세계 미디어의 관심이 높아졌다(Chapter 1, loc. 1215-1228).

비록 핀란드 학생들의 학업성적이 2009, 2012, 2015년도 PISA 시험에서는 살짝 떨어졌지만, 넓은 관점에서 보면 PISA 데이터는 핀란드가 "학생들의 사회경제적 지위와 관계없이 높은 학습성과를 내고 있다."라는 사실을 보여준다고 살베리는 말했다(Chapter 1, loc. 1232).

인간이 행복을 느끼기 위한 기본 요소 중 하나는 조각이든 코딩이든 글쓰기든 자신이 특정 영역에서 뛰어나다는 느낌을 받는 것이다. 라즈 라후나탄(Raj Raghunathan)은 이것을 무언가를 숙달(mastery)하고자 하는 욕구라고 부른다(2016). 교사인 우리는 아이들의 이런 욕구를 충족시켜줌으로써 교실에 즐거움을 불어넣을 수 있다. 헬싱키에서 아이들을 가르치고 핀란드 전역의 학교들을 방문하면서 나는 핀란드 교사들에게서 많은 영감을 받았다. 그렇게 만들어진, 학생들의 숙달도를 높이는 수업 전략 몇 가지를 소개한다.

교과서 중심 수업

필수적이고 중요한 내용 중심의 수업을 운영하라

미국에서 아이들을 가르칠 때 나는 개별화수업(differentiated instruction), 반응적 교실(responsive classroom), 프로젝트기반학습(project-based learning, PBL) 같이 영감을 주는 수업모형에 마음이 끌렸다. 교사인 나에게 이들 접근법은 각각 뭔가 유용한 것을 제공했다. 개별화수업은 모든 학생의 욕구를 고려하고, 그 욕구에 맞춰 융통성을 발휘해 가르치는 방법을 알려줬다. 반응적 교실은 우리 교실의 기본 바탕이 되는 사회·정서적 틀을 제공해줬다. 그리고 PBL(프로젝트기반학습)은 교육과정 구성을 위한 총체적 접근법이 되어줬다. 각각의 방법이 모두 흥미진진하고 도전적이지만 그중에서 가장 실행하기 힘든 모델은 PBL이었다.

교육에 대한 통합 학문적 접근법인 PBL의 정의는 다양한데, 내가 이해한 대로 설명해보면 다음과 같다. PBL의 한 단원은 진정성이 있고 수준 높은 결과물을 완성하기 위해 이뤄지는데, 이는 교사와 학생들이 흥미와 의욕을 느끼는 대상이어야 한다. 결과물 (예: 학급에서 만든 책, 학생이 연출한 연극, 앱 등)은 학습 단원의 가장 중요한 요소인데, 그 이유는 결과물이 통합 학문적 학습을 대변하고 주도하도록 수업이 구성되기 때문이다.

보통 PBL 단원은 과학이나 사회과 내용이 중심이 되며, 언제나 읽기 및 쓰기 학습목표가 곁들여진다. PBL의 취지는 학생들이 의미 있고 수준 높은 결과물을 만들어내고자 노력하는 사이 통합 학문적 학습, 봉사활동, 현장실습, 전문가 초청 등을 경험함으로써 교육과정에 생명을 불어넣는 것이다.

핀란드에서 아이들을 가르치기 시작하면서 어서 빨리 헬싱키 교실에 PBL을 도입하고 싶었다. 학교의 500페이지짜리 교육과정 문서를 입수한 나는 교장을 만나거나 내 수업 일정을 확인하기도 전인 7월부터 이미 대규모의 통합 학문적 단원을 계획하기 시작했다. 크게 한방 터뜨리면서 한 해를 시작해야겠다는 생각이었는데, 안타깝게도 정반대의 일이 벌어지고 말았다.

나는 PBL 단원을 계획하면서 '올림픽으로 가는 길'이라는 제목을 붙였다. 올림픽이라는 흥미로운 렌즈를 활용해 학생들이 역사와 지리의 핵심내용을 배우도록 할 생각이었다. 이 10주짜리 단원에서 먼저 고대 그리스를 공부하면서 올림픽에 대해 자세히 알아본 다음, 서서히 근대사로 진행하는 식으로 '여러 세기를 훑어내려올' 참이었다. 그 구성 원칙을 마음속에 정해 놓고, 학교의 교육과정을 바탕으로 이 PBL 단원에서 구체적으로 다룰 목표와 수업내용을 기록했다.

이 단원에 생명을 불어넣기 위해 나는 핀란드 올림픽 선수 한 명과 그 감독을 교실로 초청했다. 그뿐만 아니라 핀란드 패럴림픽 (Paralympic, 신체적 장애가 있는 운동선수들이 참가하는 세계장애인올림픽대회-옮긴이) 선수에게도 학기가 시작되기 전에 연락을 취했다. 그분은 감사하게도, 우리 반 아이들이 핀란드 패럴림픽 꿈나무 선수들을 위한 기금마련 행사를 진행할 경우 학생들과 함께 봉사활동에 힘써주기로 약속했다.

다음은 2013년 여름, 헬싱키에서 교직생활을 시작하기 며칠 전에 작성한 단원계획서를 조금 편집한 것이다.

'올림픽으로 가는 길'은 학생들이 지리, 역사, 언어에 대한 기본적인 이해와 지식, 스킬을 습득하는 가운데, 존중, 학습주도권, 공감능력, 탐구학습의 선순환, 수준 높은 교실문화를 발달시킬 수 있도록 특별히 기획되었다. 그뿐만 아니라 학생들은 패럴림픽 꿈나무 선수들을 돕는 의미 있는 봉사활동에 참여할 것이다. 현장실습과 전문가 초청으로 학습과정은 더욱 풍요로워질 것이다.

PBL에서는 종종 한두 개의 교과영역이 중심이 되는데, 이 경우는 지리와 역사이다. 읽기 및 쓰기 관련 스킬 역시 항상 곁들여진다. 그렇다면 올해 배워야 할 과학 영역은 어떻게 할까? 과학 영역은 다음 프로젝트의 중심이 될 것이다. 핵심은 올해 배울 모든 과목에 학생들이 참여한다는 점이다. 때에 따라 한 두 과목이 중복될 수 있지만 매번 그렇지는 않다. 그 이유는 각 과목에서 좀 더 깊이 있는 학습을 달성하기 위해서이다.

학생들은 이 10주간의 학습과정에서 글쓰기에 제대로 발을 담그게 될 것이다. 블로그 운영은 모든 학생에게 필수항목이다. 처음 3주간은 학교에서 블로그 게시물을 올리게 되는데, 그것은 수준 높은 글쓰기에 중점을 두겠다는 뜻이다. 이와 더불어 첫 주에는 읽기와 수학 등 다른 과제도 학교에서 하게 될 것이다.

학년 초에 배워야 할 여러 가지 스킬이 있지만, 역사 학습은 다소 시급하다. 학급 위키(wiki, 사용자들이 내용을 직접 수정·편집할 수 있는 웹사이트-옮긴이)를 만들면 전체 학습과정을 기록으로 남길 수 있고, 학습내용에 적극적으로 관여하도록 독려할 수 있다. 우리는 수천 년 역사의 발자취를 탐구할 것이므로, 여러 세기를 훑어 내려온 우리의 발자취를 기록할 방법이 필요하다.

이 계획에서 문제점을 찾아낼 수 있는가? 가장 큰 문제는 부담스럽고 생소한 계획이 너무 많다는 점이다. 이를테면 학생 블로그, 학급 위키, 패럴림픽 선수들을 위한 대대적인 모금 캠페인 등이 그렇다. 이러한 요소는 그 자체로 크게 잘못된 것은 없으나, 이 계획은 교육과정의 핵심내용에 뿌리를 두고 있지 않았고, 딱히 학생의 흥미에 기반을 둔 것도 아니었다.

　프로젝트 계획서를 다시 읽어보니, 나는 교육과정에 맞게 활동을 설계한 것이 아니라, 활동에 교육과정을 끼워 맞추었던 것 같다. 모든 것을 올림픽에 연계시킨다는 생각에 사로잡혔기 때문이다. 교사가 "수천 년 역사의 발자취를 탐구할 것"이라는 표현을 쓸 때는 그 계획이 심각한 난관에 빠질 것이라고 확신해도 좋다. 핀란드에서 PBL을 시행하려는 나의 노력은 학교 교육과정의 내용을 충분히 이해하지 못한 탓에 결국 실패로 끝났다.

　'올림픽으로 가는 길'이라는 PBL 단원이 제대로 시행되지 못했던 데는 몇 가지 이유가 있다. 그중 하나로 내 계획에 초점이 없었다는 사실을 들 수 있다. 나는 교육과정의 목표나 내용을 단원의 중심축으로 삼지 않았다. 이로써 헬싱키에서의 교직생활 초반, 내 교수법의 약점이 드러났다. 나는 수업을 계획하는 데 부차적인 요소에 정신이 팔렸다. 예를 들면, 학기 초 몇 주 동안 올림픽 선수와 패럴림픽 선수들의 감동적인 방문을 주선하고, 학생 블로그를 시작하고, 패럴림픽 꿈나무 선수팀을 위한 모금에 신경을 쓰며 상당히 많은 시간을 할애했다. 하지만 그런 것들은 필수과제가 아니었다.

　미국 보스턴 지역에서 교사생활을 할 때는 주당 수업시간이 훨씬 많아서, 내가 계획단계에서 이렇게 주의가 산만해진다는 사실을 분명하게 깨닫지 못했다. 미국에서는 단원이나 개별 수업을 조금 느슨하게 가르쳐도 괜찮았다. 물론 필수적인 내용을 가르치는 것을 목표로 삼았지만, 효율적으로 계획을 세우지 못할 때가 생각보다 많았다.

수업시수가 훨씬 적은 핀란드에서는 수업내용과 수업목표 사이를 느슨하게 연결할 여지가 없었다. 단원과 수업을 더 빡빡하게 준비해야 했다. 내가 생각하는 이상적인 계획은 아니었지만, 제한된 수업시간 때문에 그럴 수밖에 없었다. 새로운 환경으로 인해 수업계획에서 보조적인 부분은 본래의 보조적인 역할로 남겨둬야 했다. 헬싱키에서의 첫해에 5학년 대상의 몇몇 과목들은 매주 45분 한 번밖에 수업이 진행되지 않았다. 생물과 지리, 화학, 물리, 윤리 과목이 그랬다. 수학시간도 주당 45분 수업 세 차례뿐이어서 수업시수가 모자란다는 느낌을 받았다. 솔직히 말하면 내가 가르치는 모든 과목에서 시간이 부족한 느낌이었다.

핀란드에서 아이들을 가르치기 시작한 후, 나는 가벼운 수업 일정이 축복인 동시에 저주임을 알게 되었다. 사전계획과 동료들과의 협업에 더 많은 시간을 쏟게 된 것은 멋진 일이었지만, 학생들을 가르칠 시간이 줄어든 것은 곤란했다. 핀란드인 동료교사들은 내가 수업계획에 관한 생각을 바꾸고, 필수적인 내용을 가르치는 데 초점을 맞추도록 도와줬다. 몇몇 과목은 수업시수가 빠듯한데도 불구하고 동료교사들은 능숙하게 수업을 편성했다. 동료교사들과 계획을 함께 짜면서 나는 한 학기에서 남은 수업시수가 얼마나 되는지를 계산해 사용 가능한 교육과정과 자료를 가지고 거꾸로 계획을 짜는 요령을 배웠다.

핀란드 수업을 참관하면서, 나는 핀란드가 꼭 최첨단 방식으로 학생들의 숙련을 촉진하는 것은 아니라는 사실을 알게 되었다. 처음에 예상했던 바와 달리, 핀란드 교사들은 대개 전통적인 교사 주도적 교실수업을 하고 있었다.

헬싱키에서의 첫해에 핀란드 동료교사가 알려준 것처럼, 교과서는 핀란드 학교의 전통이다. 1학년조차도 여러 과목 교과서에 딸린 워크북의 연습문제를 푸는 데 상당한 수업시간을 할애한다. 핀란드 전역의 여러 학교를 수십 시간 참관하면서, 교과서와 강의를 중심으로 이뤄지는 수업, 그리고 학생들이 칠판에 적힌 내용을 공책에 베껴 쓰는 모습을 자주 볼 수 있었다. 이 같은 핀란드 교실수업의 '현장' 풍경은 국제적인 미디어에서 소개되는 화려한 이미지와 부합하지 않았다. 처음에는 이것을 어떻게 받아들여야 할지 몰랐다.

핀란드 교사들이 교과서를 이용하는 이유는 교과서가 단원과 수업진도를 맞추는 데 도움을 주기 때문일 것이라고 추정된다. 나중에 알고 보니 핀란드 교과서의 각 장은 특정 과목의 수업시수와 일치하는 경우가 일반적이었다. 예를 들어, 한 학년에 서른여섯 시간의 역사수업이 있다면 역사 과목 교과서는 서른여섯 개의 장으로 구성되어 있다고 보면 된다.

핀란드 교사들이 교실수업을 이처럼 엄격하게 관리하는 것은, 교직에서 많은 자유를 누린다고 명성이 자자한 현실에 비추어 보면 모순처럼 보일 수 있다. 그러나 나는 이런 특징이야말로 교사들의 일상적인 활동에 안정감을 부여해 교사와 학생들이 교과내용을 숙지할 수 있게 돕는다고 생각한다.

나는 오랫동안 더 나은 교사가 되고자 노력해왔지만, 집중해서 수업을 계획하게 된 것은 비교적 최근 일이다. 필수적인 내용을 가르치라는 말은 학생중심 교육을 버리고 교사 주도적 교육을 해야 한다는 뜻이 아니다. 그보다는 적당한 수준의 긴박감을 띠면서 수업계획에 임하고, 교육과정에 기반해 필수적인 내용을 우선시하는 데 노력하라는 뜻이다.

수업지도안과 단원을 교육과정과 좀 더 긴밀하게 연계하는 식으로 수업계획을 재편성하면 학생들은 더 쉽게 최고 수준에 도달할 수 있다. 교사의 역할은 학생들이 수업의 본질적인 내용에 우선순위를 두도록 하고, 올림픽 선수들을 초청하거나 블로그를 시작하는 것처럼 보조적인 내용에 주의를 빼앗기지 않도록 하는 데 있다. 수업의 초점을 유지하는 가장 좋은 방법은 교과서에서 필요한 내용을 뽑는 것이다.

22

보조자료의 적절한 활용

수업의 가치를 높이는 외부 자료는 적극 활용하라

미국에서 교직생활을 할 때는 교사를 대상으로 판매되는 시중의 교육과정 자료를 의혹의 눈초리로 바라봤다. 그런 자료들은 은연중에 "어떤 교사라도 사용할 수 있다."라는 점을 내세우고 있었다. 즉, 글을 읽을 줄 아는 사람이면 누구나 교사용 지도서에 나와 있는 각본대로 수업을 진행할 수 있다는 뜻이었다. 미국인 동료교사 중에는 그런 것들에 분개하는 사람들이 있었다. 그 이유는, 마치 '각본을 따르듯' 수업하면 교사의 창의성이 제한되고, 궁극적으로는 교사로서 가져야 할 프로의식이 떨어질 수 있다는 것이었다. 내가 만난 미국 공립학교의 한 신임교사는 짜인 각본대로 매일 한 과씩 수학 교육과정을 가르쳐야 한다는 압박에 충격받기도 했다. 학생의 상당수가 내용을 이해하지 못하고 있는 걸 아는데도 계속 진도를 나가야 한다는 것은 부담스러운 일일 수밖에 없다.

내가 아는 일부 미국인 교사들은 이런 상업적 교육과정 자료를 불신했다. 출판사의 동기를 의심했기 때문이다. 그들은 상업적 교육과정 자료들이 정말로 아이들 편에서 최선의 이익을 염두에 두고 설계되었는지에 대해 의구심을 표했다. 상업적 교육과정 자료들이 표준화시험 준비도구로 사용되기도 한다는 주장을 들은 적이 있는데, 공교롭게도 표준화시험이 같은 출판사에서 만들어진다.

그런데 핀란드 동료교사들은 상업적 교육과정 자료에 대해 훨씬 긍정적인 견해를 가지고 있는 것으로 보였다. 교사들이 그런 자료들을 싫어하지 않고 적극적으로 수용하는 모습에 깜짝 놀랐다. 헬싱키에서의 첫해 가을에 당시 1학년 담당이었던 핀란드인 동료교사는 자신이 사용하는 상업적 교육과정 자료에 대해 찬사를 늘어놓았다. 교실에서 이야기를 나누는 동안, 여러 가지 교사용 지도서를 보여주면서 실제 교사들이 만든 게 틀림없다고 단언하기도 했다. 그 교사는 교육과정 자료들에 대해 신뢰감을 가지고 있었고, 실용주의 관점을 견지하고 있었다. 그 자료들이 제대로 만들어진 것이라면 교실에서 사용하지 않을 이유가 없다는 생각이었다.

그 동료교사가 상업적 교육과정 자료를 수용하는 방식은 미국 학교에서 종종 목격했던 방식과 극명하게 대조적이라고 느꼈다. 헬싱키의 동료교사들은 상업적 교육과정 자료를 활용하면 수업의 가치가 높아진다고 생각했다. 미국 교사들이 그것들을 또 다른 강제사항으로 여겨 교실에서 즐거움을 빼앗아간다고 생각하는 것과는 대조적이었다. 내가 이야기를 나눠본 핀란드인 교사들은 잘 가르치는 데 상업적 교육과정 자료가 도움이 된다는 의견이었다. 구체적으로는 필수 내용에 초점을 맞추고, 진도를 유지하고, 계획의 부담을 줄이는 데 도움이 되기 때문에 단원이나 수업을 처음부터 새로 준비하지 않아도 된다는 이유를 들었다.

상업적 교육과정 자료에 대한 나의 태도는 핀란드에 와서 확연히 달라졌다. 그 자료들을 매우 유용한 자원으로 보기 시작한 것이다. 그렇다고 교재를 교실의 주인으로 삼고 정확하게 따를 생각은 없었지만, 미국에서는 별로 해본 적 없는 일을 시도해보기로 했다. 바로 교재에서 필요한 내용을 뽑는 일이었다.

교사이자 수업 컨설턴트인 마이크 앤더슨(Mike Anderson)은 저서 『The Well-Balanced Teacher(균형감 있는 교사)』(2010)에서 자신이 교과서에 대한 접근법을 이와 비슷하게 전환한 데 대해 다음과 같이 설명한다.

> 몇 년 후, 나는 수학 교육과정 자료를 유일한 교사용 도구로 활용하는 데서 벗어나 하나의 자원으로 생각하기 시작했다. 그 책의 일반적인 범위와 순서를 따르되 학생들에게 특별히 잘 부합하는 활동들을 이용한 것이다. 이 책에 소개된 몇몇 게임은 특히 재미있고 유익했다. 그런 다음, 교육과정의 목표와 지침에 들어맞으면서도 더 재미있는 나만의 수업, 즉 보다 차

별되고 학생들의 선택이 가능한 실습형 수업을 구성했다. 단, 너무 단조롭거나 발달이론상 학생들에게 맞지 않는 단원은 건너뛰었다. 우리는 기하학 단원의 틀을 이용해 기하학적 무늬로 이루어진 퀼트 작품을 만들어 교실에 자랑스럽게 걸어놓았다. 교실과 학교를 샅샅이 뒤져서 분수와 소수점이 실생활에 적용된 예를 찾았고, 게임을 통해 자릿수를 연습했다. 학생들만이 아니라 나도 수학을 더 즐기게 되었다! 하루하루의 수업이 학생들의 필요에 잘 맞고 즐겁게 공부할 것을 알기에 더 즐거웠다. 학생들에게 가장 유익한 내용을 바탕으로 수업과 활동을 구성하는 창조적인 과정에 깊이 몰입하다 보니 계획하는 일 자체가 재미있었다. 미리 짜인 수학 교육과정 자료를 전달하는 로봇이 아니라 다시금 진짜 교사가 된 기분이었다(pp. 85-86).

헬싱키에서 교사생활을 하는 2년간, 핀란드 동료교사들의 접근법이 현명하다는 것을 깨달았다. 즉, 훌륭한 상업적 학습자료를 전략적으로 사용하면 아이들이 교과내용을 숙지하는 데 도움이 된다는 것이었다. 애초에 교사에게 우수한 질의 교육과정이 주어진다면 더할 나위 없겠지만, 혹시 그렇지 않더라도 그중에서 유용한 부분을 찾아내 활용하면 되는 것이었다.

앤더슨은 "유익한 내용을 취해 거기에 초점을 맞춰라."라고 강조한다(p.86). 헬싱키에서 교장 선생님과 6학년 역사수업을 공동으로 가르친 적이 있는데, 우리는 종종 교재를 훑어보고 수업에 합당한 내용을 뽑아서 사용했다. 아이들에게는 중심이 되는 텍스트가 필요했고, 교재는 비록 완벽하지 않더라도 그런 목적에 부합했다. 그래서 우리는 역사 교재를 처음부터 끝까지 세세하게 다루기보다는 필요한 내용을 뽑아 활용하는 방식을 취했다.

헬싱키에서 수학을 가르칠 때 나는 상업적 교육과정 자료의 단원 배치 순서가 좋다고 생각해 곧잘 활용했다. 하지만 연습문제를 풀 때는 학생들이 비판적 시각을 가질 수 있도록 독려했다. 핀란드어를 영어로 번역한 수학 교재들을 활용했는데, 학생들이 책에서 미묘한 오류를 찾아낼 때도 많았다. 아이들은 자료의 오류를 찾아내려고 꾸준히 노력하면서도, 열심히 공부해 수학 개념을 이해해나갔다.

최근 에스토니아가 PISA 시험, 특히 수학에서 좋은 성적을 냈다. 그래서 에스토니아 교사들이 헬싱키의 우리 학교를 방문했을 때, 이 국제적인 평가에서 좋은 성적을 낸 사실에 관해 이야기를 나누고 싶었다. 마침 점심을 먹으면서 한 에스토니아 교사와 이야기를 나누게 됐다. 내가 핀란드 교실에서 (상업적) 교재를 활용하는 문화에 관해 언급했더니 그 선생님은 에스토니아에서도 같은 현상을 봐왔다고 했다. 그러면서 그게 바로 자신의 나라가 PISA 시험에서 성공적인 결과를 낸 이유가 아닐까 생각한다고 했다. 나 역시 핀란드가 국제적인 평가에서 꾸준히 높은 성적을 내는 이유는 교사들이 상업적 교육과정 자료를 수업에 요령 있게 활용한 덕분이라고 생각했다.

교사의 숙련도를 높이고 싶다고 해서 '교과서를 내다 버릴(『교과서가 사라진 교실(Ditch That Textbook)』에 나오는 표현-옮긴이)' 필요는 없다. 상업적 교재라 해도 필요한 내용을 뽑아 좋은 교수학습을 뒷받침하는 방향으로 그 학습자료들을 활용하면 되는 것이다.

23

기술과 장비는 도구로 사용

갖추고 활용하는 데 연연할 필요는 없다

헬싱키의 학교를 처음 방문했을 때, 교장 선생님은 나를
데리고 학교를 한 바퀴 구경시켜주셨다. 내가 수업할 교실, 교사
휴게실, 도서관을 보여주었고, 컴퓨터실 두 곳도 보여주고 싶어
했다. 컴퓨터실은 동료교사들과 450명의 학생들이 함께 사용했
다. 헬싱키의 도심 한가운데 있는 공립학교인 만큼 어떤 첨단 기
술을 만나게 되지 않을까 하는 작은 기대가 있었다.

여러 해 전에 학급 담임교사가 되기 전에 매사추세츠주의 빈곤
한 도심지역에서 4개 초등학교를 담당하는 임시 컴퓨터교사로 근
무한 적이 있었다. 그중 한 학교는 내가 근무하는 동안 딱 한 사람
이었던 비서를 해고했는데, 그로 미루어보면 학구 자체 예산이 많
지 않았던 것 같다. 그런데도 네 학교 모두 각각 25대 정도의 최신
형 매킨토시 컴퓨터를 구비한 멋진 실습실을 갖추고 있었다. 게다
가 몇 년에 한 번씩 컴퓨터는 최신형으로 교체되었다. 이 학교들

은 매년 두 명의 컴퓨터교사와 한 명의 IT전문가를 전임으로 채용해서 모든 기술장비와 소프트웨어를 관리하도록 했다. 헬싱키 학교에서 교장 선생님과 복도를 걸으면서 나는 그 매사추세츠 공립학교들보다 훨씬 부유한 동네에 있는 이 학교에서는 최소한 미국에서 봤던 것과 비슷한 컴퓨터실을 보게 될 것이라고 기대했다.

그런데 컴퓨터실에는 20여 대의 노트북 컴퓨터가 비치되어 있었지만, 적어도 10년 전에 산 것 같은 모습이었다. 칠판 한구석에는 어느 컴퓨터가 고장났는지를 적을 수 있게 만들어놓은 칸이 그려져 있었다. 몇 대는 이미 완전히 망가진 상태였다. 처음의 컴퓨터실은 기대에 못 미쳤지만, 나는 입을 꾹 다문 채 두 층 위에 있는 다른 컴퓨터실로 올라갔다. 그런데 두 번째 컴퓨터실도 별반 다르지 않았다. 그곳에는 대략 25대의 데스크톱 컴퓨터가 있었는데, 내가 보기에는 전부 조만간 교체가 필요해 보였다.

이 학교에는 교실마다 데스크톱 컴퓨터가 한 대씩 있었고, 가까이에 '문서카메라(doc camera, 교실 어디에서든 잘 볼 수 있도록 수업자료를 스크린에 띄울 수 있게 하는 카메라 장치-옮긴이)'와 프로젝터가 있어서 천장에서 끌어내리는 스크린에 이미지를 투사할 수 있었다. 몇몇 교실에는 스마트보드(SMART Board, 영상을 비추고 그 위에 글씨를 쓸 수도 있는 양방향 칠판-옮긴이)가 있었지만, 행정실은 교사들에게 그걸 사용하라고 딱히 강요하지 않았다. 이 학교는 내가 경험한 미국 도심의 공립학교처럼 전임 컴퓨터교사를 채용하지 않았다. 필요시에 교사들 스스로 기술을 적절하게 활용할 수 있었고, 컴퓨터에 문제가 발생하면 기술에 밝은 두 명의 교사에게 문의하게 되어 있었다. 교사들은 그 대가로 약간의 보상을 받았다.

내가 근무한 헬싱키 학교에서는 컴퓨터 기술 활용이 크게 강조되지 않았다. 내가 관찰한 다른 핀란드 학교들도 마찬가지였다. 핀란드로 이사하기 전에는 수준 높은 학교라면 대단한 최신형 기술 장비를 갖추고 있을 것이라고 생각했는데, 직접 겪어보니 그렇지 않았다. 기술에 대한 투자에서 핀란드 학교는 미국 학교를 따라가지 못했다.

헬싱키에서 나는 기술에 대한 접근이 제한될 때 오히려 교실환경에서 학습을 우선하기가 더 쉽다는 점을 깨달았다. 미국과 달리 학교 안팎에서 기술을 수업에 활용하라는 압박이 많지 않았고, 덕분에 수업 효과가 증진될 때만 기술을 활용할 수 있었다.

그렇다고 교실에서의 기술 활용이 중요치 않다고 생각한 것은 아니었다. 학교의 정보격차 문제에 관심을 기울여야 하지만, 많은 학교에서 장비와 기술을 갖추는 데 돈과 시간을 지나치게 투자한다는 느낌이 든다. 그런 화려한 기술들 때문에 교사는 학생들과의 가장 핵심적인 활동에 집중하기가 어려워진다. 나는 이것을 개인적인 경험으로 알고 있고, 연구결과들도 뒷받침하고 있다.

2015년, PISA 시험을 설계한 OECD(경제협력개발기구)는 디지털 활용능력에 관한 PISA 평가결과를 발표했다. "전반적으로 학교에서 컴퓨터를 적절히 사용하는 학생들이 컴퓨터를 거의 사용하지 않는 학생들보다 더 나은 학습결과를 보였다." 그런데 여기에는 반전이 있었다. "학교에서 컴퓨터를 아주 빈번하게 사용하는 학생들은 성적이 나빴고, 이는 사회적 배경과 학생들의 인구학적 통계를 고려하더라도 마찬가지였다."(OECD, 2015)

그러나 OECD는 이러한 결과에 비추어 학교에서 기술을 배제하자고 제안하지는 않았다. OECD의 교육국장 안드레아스 슐라이허(Andreas Schleicher)는 "기술은 지식에 대한 접근성을 극적으로 확대하는 유일한 방법"이라면서 "기술이 보여주는 약속을 실현하려면 각국이 좀 더 효과적으로 투자해야 하고, 교사들이 이러한 변화를 설계하고 실행하는 데 앞장서도록 보장해야 한다."라고 말했다(OECD, 2015).

기술이 주는 잠재적 학습 혜택을 이용하는 열쇠는 교사들의 손에 달려 있다. 핀란드에서 본 동료교사들은 정기적으로 기술을 활용하되 절제하는 모습을 보였다. 가장 일반적인 방법은 '문서카메라'를 사용하는 것이었다. 방문했던 핀란드 학교마다 이 기술장비를 찾아볼 수 있었다. 구식 오버헤드프로젝터(overhead projector, OHP라고 불리며, 슬라이드에 인쇄된 문서를 확대시켜 사용자 뒤편에 있는 화면에 투영시키는 장치-옮긴이)와 비슷한 모양이고 소형 비디오카메라가 달린 제품이라고 상상하면 된다.

나는 우리 학교 교사들이 문서카메라를 이용해 시각자료를 제시하는 광경을 거의 매일 목격했다. 문서카메라는 학생들이 앞에 나와 공부한 내용을 발표할 때도 훌륭한 수단이 되었다. 예를 들면, 나는 종종 학생들에게 앞에 나가서 문서카메라로 수학문제 풀이방법을 설명해보라고 했다. 모든 교사가 이 기계를 하나씩 구매하라는 이야기가 아니다. 교실에서 효과적인 학습을 한답시고 복잡한 기술을 사용할 필요가 없다는 말을 하고 싶은 것이다.

헬싱키 마우눌라종합학교의 역사교사인 예레 린나넨은 다음과 같이 말했다. "교육에서 기술 활용에 관한 얘기는 감당할 만한 수준을 벗어난 것 같아요. 교육공학이 도움이 될 수는 있지만 중요한 건 도구가 아니에요. 도구가 중심이 되어서도 안 됩니다."

린나넨은 8학년과 9학년의 학습을 돕기 위해 교실에서 종종 구글 클래스룸(Google Classroom, 종이를 사용하지 않고 과제를 쉽게 작성, 배포, 채점하는 것을 목표로 구글에서 만든 무료 소프트웨어-옮긴이)을 활용한다. 학생들은 이 소프트웨어를 사용해 공동으로 슬라이드쇼와 문서를 만들 수 있다. 린나넨은 이 도구가 아주 단순하지만 학생들의 학습용으로 효과적이라고 생각한다. 국제적으로 알려진 핀란드의 교육공학 스타트업의 임원 출신인 그는 지난 수년간의 기술 발전을 면밀하게 주시해왔다.

정치인들은 교육문제가 하향식으로 해결되기를 원해요. "우리가 이만큼의 돈을 교육공학에 투자하면 이런 결과를 얻을 것이다. 순위를 올리고 싶으면 이 버튼을 눌러야 한다."라는 식으로 이야기하고 싶어 하죠. 하지만 교육문제는 상향식으로 접근해야 한다는 게 제 생각입니다. 교사들이 서로 교류하고, 자원을 공유하고, 학생들과 소통하면서 말이죠. 그런 부분에 초점이 맞춰져야 합니다.

기술 도입은 학습에 도움이 될 때 교사와 학생에게 즐거움을 가져다줄 수 있다. 교육학자 윌 리처드슨(Will Richardson)이 말한 '특별한 어떤 일'을 하게 해줄 때 더욱 그렇다(2016).

실시간으로 혹은 시차를 두고 전 세계 사람들과 소통하기. 전 세계 청중을 대상으로 콘텐츠 발행하기. 아날로그 세상에서는 만들 수 없는 물건이나 프로그램, 공예품, 발명품 만들기.

핀란드 학교에서는 '특별한 어떤 일'을 하기 위해 기술을 활용하는 경우가 거의 없었다. 학생들의 주의를 산만하게 하지 않고 학습에 도움이 되는 방향으로 기술을 활용하는 관행은 현명하다고 생각한다. 핀란드 학교들은 최신형 기술제품에 많은 투자를 하지 않아도 학생들이 중요한 교과내용과 스킬에 숙달할 수 있음을 오래전부터 증명해왔다. 이것은 모든 교육자에게 중요한 교훈이라고 생각한다. 학생들의 숙달을 지향하는 수업을 하고 싶다면 기술은 학습을 위한 도구라는 제 위치에 그냥 내버려 두어야 한다.

24

음악 활용

수업에 생명력을 불어넣어라

    쿠오피오에 있는 칼레발라종합학교의 민나 라이하 선생님의 6학년 학급을 방문했을 때 제일 처음 눈에 띈 것은 교실 뒤편에 있는 드럼세트와 몇 개의 악기였다. 오전 중에 그 반 학생들과 이야기를 나누면서 네 살짜리 아들은 드럼 치는 것을 좋아하지만 나는 조금도 못 친다고 말했다. 민나는 학생 중 하나가 내게 드럼을 가르쳐줄 것이라고 장담했다. 아니나 다를까 반 아이들과 점심을 먹으러 가기 직전에 드럼을 잘 치는 6학년 학생 한 명이 나를 드럼이 있는 곳으로 정중하게 안내했다. 아이들 몇 명이 반원을 그리며 우리 주위를 둘러쌌다. 소년은 베이스드럼(base drum), 스네어드럼(snare drum, 뒷면에 쇠 울림줄을 댄 작은 북-옮긴이), 하이햇(high hat, 드럼에 달린 발로 치는 심벌즈-옮긴이)을 이용해 올바른 연주법을 보여줬다. 그러고는 나에게 드럼스틱을 건넸다. 의자에 앉은 나는 처음에 세 가지 악기를 함께 치느라 우왕좌왕하며 어쩔

줄을 몰랐다. 그러나 그 남학생과 또 한 친구는 단념하지 않았다. 그들은 훌륭한 교사처럼 조언과 응원을 아끼지 않았고, 마침내 나는 조금씩 감을 잡았다. 우리를 둘러싼 채 구경하고 있던 아이들은 환호했다.

그날 민나는 본인과 학생들이 제작과정에 참여한 전문적인 느낌이 나는 CD 한 장을 보여줬는데, 몹시 인상적이었다. 민나는 자기 반 6학년 학생들이 매주 몇 시간씩 추가로 음악수업을 받는다고 설명했다. 몇 해 전에 학생들이 음악공부에 특별히 중점을 두기로 선택했기 때문이라고 했다. 다른 핀란드 공립학교 두어 군데에서도 이런 식의 접근법을 본 적이 있다.

내가 근무하던 학교의 '일반적인' 교실에서도 비슷한 일을 목격했다. 학교에 커다란 음악실이 있고, 그곳에 악기가 보관되어 있는데, 교사들이 종종 교실로 악기를 가져가는 모습을 봤다. 가끔은 바로 옆 6학년 교실에서 쿵쿵거리는 베이스드럼 소리가 흘러나오기도 했다.

최근 미국 학교들은 예술 분야의 수업시수를 줄여서 어떤 학생들은 음악수업을 전혀 받지 못하는 경우도 있다. 핀란드에서는 이런 일이 있을 수 없다. 헬싱키에서의 첫해에 우리 반 5학년 학생들이 수학과 음악수업을 주당 3시간씩 똑같이 받는 것을 보고 깜짝 놀랐다. 그런 '특별' 과목에 너무 많은 수업시수를 할당하는 것이 좀 우습다고 느꼈다. 그러나 시간이 지나면서 음악교육과 학업성취와의 관계를 밝힌 연구들을 접하게 되면서 핀란드식 관행에 대해 더는 의문을 품지 않게 됐다.

예를 들어, 저소득층 학생 수백 명을 대상으로 한 2014년의 조사에서 연구원들은 아이들의 문해력과 언어능력 향상에 음악수업이 도움이 된다는 사실을 발견했다. 노스웨스턴대학교의 신경생물학자인 니나 크라우스(Nina Kraus)는 미국 심리학회의 122차 연례학회에서 이 연관성에 관해 다음과 같이 언급했다. "연구에 따르면 빈곤한 환경에서 자란 아이들의 뇌에는 학습능력에 영향을 미치는 차이점이 존재하는 것으로 드러났다. …… 부유한 환경의 아이들은 저소득층 아이들보다 학업성적이 좋은 게 사실이지만, 우리는 음악교육으로 신경계를 바꿈으로써 더 나은 학습자를 만들 수 있고, 학습격차를 상쇄할 수 있다는 사실을 발견했다."(APA, 2014) 연구원들은 음악수업이 학교 운동장처럼 북적이는 곳에서 신경계가 소음을 처리하는 방식을 단련시키는 것으로 보인다고 결론 내렸다. 이와 같은 뇌기능 개선 효과 때문에, 음악을 이용하면 아이들의 기억력과 집중력이 높아져 의사소통 개선에도 도움이 된다는 것이다(APA, 2014).

핀란드 교사들은 수업시간표에 음악시간이 많아 그 혜택을 쉽게 거둘 수 있지만, 학교에 공식적인 음악시간이 아예 없더라도 어떤 교사든 수업에 더 많은 음악을 녹여낼 방법이 있다. 헬싱키의 우리 학급에서 시도한 것처럼 교실에 드럼세트를 가져오거나 10여 대의 클래식기타를 들고 오는 방식도 재미있다. 음악을 활용하려는 노력이 그렇게 거창할 필요는 없다. 게다가 교육과정에서 요구되지 않는다면 교사가 당당하게 음악지도에 초점을 맞추기도 어렵다. 따라서 내가 생각할 수 있는 최선의 형태는 통합교육이다. 말하자면 음악을 교과지도와 혼합하는 방법이다.

예를 들어, 나는 5학년생들과 언어시간에 소설의 구성요소를 공부하고 과학시간에 물의 순환을 공부할 때 힙합을 활용했다. 유튜브를 뒤져 학습내용을 뒷받침하는 가사가 나오는 힙합 동영상을 여러 개 찾았다. 각운(rhyme)과 박자를 맞춰 함께 노래를 부르면 교과과정에 대한 흥미를 유발하는 것 이상의 효과를 불러온다. 크라우스의 연구에 따르면 이러한 노력은 학생들의 신경 연결망을 강화하고 언어능력을 개발하는 데도 어느 정도 도움이 된다.

음악가이며 수학자로서 매스뮤지컬마인즈(Math Musical Minds)를 설립한 앤-마리 오레스코비치(Anne-Marie Oreskovich)는 음악을 수학수업에 접목함으로써 학습효과가 개선될 수 있다고 믿는다. 저학년 아이들의 경우, 식별 가능한 리듬으로 흥겨운 음악을 연주하는 활동만으로도 충분하다. 이를테면 숟가락처럼 단순한 사물을 가지고 순서대로 혹은 거꾸로 숫자를 세면서 장단을 맞추는 것이다. 이와 같은 활동은 아이들이 숫자의 체계와 배열을 이해해 패턴을 인지하는 능력을 강화할 수 있다. 고학년 학생들을 위해서라면 숫자를 나열하고 그것을 코드로 표현하게 하는 방법이 있다. 오레스코비치는 "음악은 수학으로 분해되고, 수학은 음악으로 분해된다."라고 했다(Schiff, 2016).

고등학교 시절, 영어 선생님이 커다란 휴대용 카세트 플레이어로 브루스 스프링스틴(Bruce Springsteen)의 노래를 틀어주고 노랫말을 분석하게 한 적이 있다. 선생님으로서는 비교적 작은 노력이었을 테지만 그 수업이 굉장히 신나고 즐거웠다는 기억으로 남아있다. 음악이라는 요소가 수업에 생명을 불어넣은 덕분이다.

초등학교에서는 학생들이 한 활동에서 다음 활동으로 넘어갈 때 분위기 전환용으로 음악을 활용한다는 교사들의 이야기를 들은 적이 있다. 저학년 학생들에게 대륙의 명칭같이 꼭 알아야 할 교과내용을 가르칠 때 음악을 활용하는 미국 공립학교의 교사들을 만난 적도 있다. 내가 몇 개월 동안 컴퓨터수업을 한 매사추세츠주의 초등학교에서는 학생과 교사가 지구상의 대륙에 관해 배우기 위해 여러 가지 버전으로 노래 부르는 것을 들은 적이 있다. 컴퓨터실에서 때마침 구글 지도(Google Map)를 활용해 수업을 시작하려던 찰나에 아이들의 노랫소리를 듣는 것은 유쾌한 경험이었다. 그 학교 교사들은 〈세 마리 눈먼 쥐(Three Blind Mice)〉라는 고전적인 노래의 멜로디에 대륙의 명칭을 붙여서 가르쳤다. 그 교사들의 창의성에 영감을 받은 나는 나중에 학급 담임교사가 되었을 때 1, 2학년 아이들에게 같은 방법을 써봤다. 그리고 어린 학생들이 재미있고 효과적으로 학습하는 것을 직접 확인할 수 있었다.

음악적인 재능이 없더라도 교사로서 음악을 활용하는 전략을 꺼릴 필요는 없다. 교사와 학생 모두가 편안하게 느낄 수 있는 여러 가지 방법을 실험해보자. 교실에 음악을 도입해서 얻을 수 있는 즐거움과 학업적 혜택을 충분히 활용할 수 있을 것이다.

실천을 통한 배움

무대 위의 현자가 아닌 코치이자 조력자가 되어라

헬싱키 학교의 목공예 교실에서 가장 먼저 눈에 띈 것 중 하나는 '실천을 통한 배움(Learning by Doing)'이라고 적혀 있는 작은 나무판이었다. 나는 그 수업을 참관할 때마다 이 격언이 실제로 행해지는 모습을 지켜봤다. 학생들은 각자 흥미 있고 도전적이라고 생각되는 개인별 프로젝트를 하느라 분주하면서도 즐거워 보였다. 목공예 담당 선생님은 대개 교실을 돌아다니면서 학생들에게 코치하고, 피드백을 제공했다.

아이들이 바느질이나 뜨개질을 하는 가정과목과 직물과목 수업에서도 비슷한 일을 목격했다. 나는 이 핀란드인 동료교사들이 오래전부터 '실천을 통한 배움' 접근법을 고수해왔다고 확신한다. 이 신념이 그들의 수업방식에 강하게 드러나고, 교사들은 교실수업을 진행할 때 코치 같은 역할을 한다.

우리 대부분이 무언가에 숙달하는 최고의 방법은 실제 세계와 똑같은 환경에서 실습해보는 것임을 직접적인 경험으로 알고 있다. 문제는 전통적인 형태의 교실수업이 그런 식으로 이루어지지 않는다는 점이다. 학교에서 아이들은 진짜 과학자처럼 실험을 설계하고 시행하면서 배우기보다는 동영상을 보거나, 사실기반의 텍스트를 읽거나, 연습문제를 풀면서 과학을 배운다. 하지만 코칭이라는 방법은 학습 프로세스의 주도권을 제자리로, 즉 학습자의 어깨 위로 돌려놓는다.

나는 교사가 목공예나 가정과목처럼 특별한 과목을 가르쳐야만 '실천을 통한 배움'이라는 철학의 진수를 실행에 옮길 수 있다고 생각하지 않는다. 우리에게 필요한 것은 발상의 전환, 그리고 그에 따른 교수법의 전환뿐이다.

보스턴 지역에서 교사로 근무하던 첫해에 나는 멘토교사로부터 절대 잊지 못할 좌우명을 들었다. "일하는 사람이 그 일을 배운다."라는 것이다. 교사생활 첫해를 회상하면 민망하기 그지없다. 나는 1학년생들을 데리고 카펫 위에 앉아서 오랫동안 말을 이어가곤 했다.

어느 날 오후, 나는 한 원로교사에게 "올해 제가 많이 배우고 있네요."라고 말했다. 그랬더니 그 선생님이 물었다. "물론 그렇겠죠. 그런데 아이들은 얼마나 배우고 있나요?" 순간적으로 뜨끔했다! 나는 우리 학생들이 카펫 위에 앉아서 거의 온종일 내 말을 듣지만 배우는 건 별로 없다는 사실을 알고 있었다.

이 상황을 뒤집으려면 나는 '무대 위의 현자(sage on the stage)'

노릇을 그만둬야 했다. 그래서 실험을 해보기 시작했다. 학생들이 더 많은 것을 배우도록 한다는 목표를 세우고 시작된 이 실험은 미국 교실에서 시작해 핀란드 교실로 이어졌다. 앞서 말했듯이 나는 강의식 수업을 짧게 하려고 교실에 스톱워치를 가져온 적이 있다. 그러자 불과 며칠 만에 그 짧은 수업이 편안하게 느껴졌고, 학생들도 짧은 설명 뒤에 실천을 통한 배움의 시간을 훨씬 많이 갖게 되었다.

이러한 전환이 만족스러웠지만, 핀란드로 이사한 후에는 그걸로 충분하지 않다는 느낌이 들었다. 핀란드인 동료교사들, 특히 목공예, 가정, 직물과목을 가르치는 교사들이 실천을 통한 배움의 기회를 아이들에게 더 많이 줄 때 얻을 수 있는 기쁨이 어떤 것인지 보여줬기 때문이다.

앞에서 이야기한 바와 같이, 나는 헬싱키에 온 후 언어과목 수업방식을 크게 바꿔 학생들이 진짜 작가처럼 글을 쓰고 수업시간을 활용하게 했다. 그 결과 학생들은 나를 편집자 혹은 코치로 바라보게 됐다. '수업 중 여유시간 두기'라는 전략에서 6학년 학급의 언어수업 형태를 재편성하는 작업이 학생들의 자율성 발달에 어떻게 도움이 되었는지 밝힌 바 있다. 이번에는 이러한 변화나 이와 비슷한 다른 방법들이 학습내용의 숙달에 어떠한 도움이 되는지 살펴보려고 한다.

헬싱키의 우리 반 학생들이 언어수업 시간에 진짜 작가처럼 작업할 시간을 더 갖게 된 것은 좋은 출발점이었지만 그것만으로는 충분하지 않았다. 나의 친구이자 교사인 예레 린나넨은 학생들의 발전을 위해 '떠밀어(push)'줘야 할 때가 있다고 했다. 그러지 않으면 현재 수준에 계속 머물게 된다는 것이다. 이때 '떠민다'는 말은 훌륭한 피드백을 주는 것을 의미한다.

여기서 훌륭한 피드백이란 스티커를 나눠주거나 "잘했어요!"라고 외치는 것이 아니라, 구체적이고 솔직하며 건설적인 피드백을 가리킨다. 나는 블로그나 기사작성, 책쓰기 등을 통해 훌륭한 피드백의 중요성을 몸소 경험해왔다. 내 경험상 전문 편집자들은 칭찬에 인색하다. 어떤 작품에 대해 칭찬할 만한 점 한두 가지를 언급할 때도 있지만, 대개는 개선이 필요한 부분을 지적한다. 처음에 나는 기분이 조금 상했다. 글쓰기 코치의 주된 업무가 칭찬이라고 생각한 탓이다.

그랬던 내가 요즘은 변했다. 편집자로서 칭찬을 제한하고 구체적이면서 솔직하고 건설적인 피드백에 중점을 두는 것이다. 이제 나는 편집자로부터 긍정적인 피드백을 몇 마디밖에 듣지 못해도 더는 위축되지 않는다. 나는 내게 피드백을 주는 '코치'가 어떤 사람인지 잘 알고 있으며, 우리는 수준 높은 작품을 함께 만들어낸다는 공동의 목표를 지향하고 있다. 교실에서도 이런 태도를 길러준다면 학생들의 효과적인 학습에 도움이 된다고 확신한다.

무언가를 개선하는 가장 좋은 방법은 약점을 보강하는 것이고, 그게 바로 코치가 필요한 이유이다. 훌륭한 코치는 미숙한 학습영역을 드러내 보여주고, 주로 시범과 훌륭한 피드백을 통해 학습자에게 적절한 지원을 제공한다. 칭찬이 필요할 때도 있지만, 노련한 교사라면 교실에서 학생들을 칭찬하려고 일부러 애쓸 필요가 없다. 칭찬은 아주 자연스럽게 나오는 것이기 때문이다.

코치로 성장하고 싶은 교사라면 코치의 역할을 고려해 수업구조를 조정해야 한다. 실천을 통한 배움을 촉진하고 훌륭한 피드백을 줄 기회를 많이 허용하는 구조가 필요하다. 나에게는 소위 워크숍 모델이 그런 구조이다. 이 접근법은 여러 가지 변형된 형태가 있지만 3가지 기본 요소로 구성된다. 그날의 목표를 소개하는 짧은 강의식 수업, 활발한 독립작업, 그리고 학생들이 특정 목표에 얼마나 가까이 다가갔는지 돌아보는 집단 성찰이다. 나의 전 동료였던 파울라 하부는 교사연수 프로그램 중 이 방식이 '이상적인 수업구조'로 소개되었다고 말해줬다.

나는 보스턴 지역의 초등학교에서 근무할 때 처음으로 이 모델에 관해 듣고 교실에 적용하기 시작했다. 되돌아보면 이 접근법의 장점을 언제나 극대화하지는 못했다. 그 이유를 생각해보니 때때로 내가 전반부의 짧은 강의식 수업과 후반부의 성찰에 너무 많은 시간을 들였기 때문이었다. 아이들에게 독립작업을 마칠 시간을 더 많이 줬다면 아마 더 많은 도움이 되었을 것이다. 아이들에게 작업시간을 적절하게 허용하면 교사가 훌륭한 피드백을 줄 수 있는 길이 열리게 된다.

수업에는 학생의 작업과 교사의 피드백에 길잡이가 될 분명하고 도달 가능한 목표가 필요하다. 학생들이 숙달에 초점을 맞추도록 돕기 위해 교사가 할 수 있는 가장 효과적인 일 중 하나는 수업 중 항상 학습목표를 제시하는 것이다. 학습목표를 다음과 같이 정의한 연구(Moss & Brookhart, 2012)가 있어 소개한다.

> 학습목표(learning targets)는 교수목표(instructional objective)가 아니다. 학습목표는 의도와 목적 모두에서 교수목표와 다르다. 그 이름이 함축하듯이 교수목표는 교수행위를 안내하는 것으로, 교수목표를 쓸 때 우리는 교사의 관점에서 작성한다. 교수목표의 목적은 연계된 수업이나 단원 전체의 결과물에 통일감을 부여하는 것이다.
>
> …… 학습목표는 그 이름이 함축하듯이 학습을 안내한다. 깊이 알게 될 수업단위의 정보, 스킬 및 추론과정을 학생들이 이해할 수 있는 언어로 기술한 것이 학습목표이다. 학습목표를 쓸 때는 학생의 관점에서 작성하고, 그 목표를 수업 전반에 걸쳐 학생들과 공유함으로써 학습의 길잡이로 삼게 한다(p. 3).

워크숍 모델은 실천을 통한 배움을 강조하고, 교사는 코치 역할을 수행하기 때문에 학습목표와 잘 맞아떨어진다.

그렇다면 학습목표는 어떻게 작성해야 할까? 연구(Moss & Brookhart, 2012)에 따르면 교사가 성취기준(standard)을 하나 선택하고, 그 성취기준을 하나 또는 여러 수업시간의 목표로 집약시켜서, 학생들이 수업에서 성취하기를 바라는 바를 분명하게 표현하는 것이 프로세스의 시작이다. 그다음 단계는 학생들 스스로 수업에서 성취하고자 하는 바를 반영해 목표를 재구성하는 것이다. 연구자들은 교사가 학습목표를 설계할 때 따라야 할 몇 가지 단계를 추천한다. 내 생각에 가장 필수적인 단계는 교육목표를 바탕으로 "이해의 수행(performance of understanding)"(p.39) 방법을 결정하는 것이다. 이 단계에서 교사는 학생들이 어떤 방법으로 수업목표가 달성되었음을 입증해 보일 수 있는지 생각해야 한다.

『Learning Targets(학습목표)』(2012)에는 수학시간에 산포도 (variability)를 가르치는 6학년 교사의 예가 나온다. 교사는 다음과 같은 교수목표를 세웠다. "학생들은 데이터 집단에서 확률이 어떻게 산포도로 연결되는지 설명할 수 있다." "학생들은 그래프를 이용해 산포도를 나타낼 수 있다." 이런 목표를 염두에 두고 교사는 다음과 같이 학생들을 위한 학습목표를 작성한다. "우리는 쿠키에 들어 있는 초콜릿칩의 개수에 관해 직접 그린 그래프에서 패턴을 발견할 수 있고, 무엇이 그런 패턴을 만들었는지 설명할 수 있다."(p.39, 밑줄은 강조를 위해 저자가 삽입함) 이런 식으로 교사는 '이해의 수행'을 염두에 두고 학습목표를 설계했다.

학생들이 수업에서 학습목표를 달성하는 데 필요한 것 중 하나는 학습이 성공적으로 이뤄졌을 때 어떤 모습이어야 하는지 그 본보기를 명확히 보여주는 것이다. 아무래도 말로 하는 것이 빠르기 때문에 말로만 성공기준을 이야기해주고 싶은 유혹이 생기겠지만, 아이들은 본보기를 연구해 스스로 핵심요소를 발견하거나 찾아낼 때 수준 높은 결과물을 만들어내게 된다. 어떤 면에서는 '처음부터 자유를 허용하는' 접근법과도 일맥상통한다고 볼 수 있다.

위에 나온 사례를 각색해, 고등학교 수준에서 나올 수 있는 두 개의 시나리오를 제시해보겠다. 첫 번째 시나리오에서는 교사가 학생들에게 설득력 있는 연설을 위해 효과적인 주제문 쓰는 법을 배울 것이라고 이야기한다. 교사는 효과적인 주제문에는 어떤 요소들이 들어가야 하는지를 보여주는 기준표(criteria)를 나눠주고, 학생들에게 30분 동안 강력한 연설 주제문을 써보라고 지시한다. "행운을 빌어요!"라는 말도 덧붙인다.

두 번째 시나리오에서는 교사가 질적으로 다른 여러 개의 주제문을 가져온다. 어떤 것은 대충 써서 이해하기가 힘들고, 또 어떤 것은 조리 있게 작성되어 설득력이 있다. 이 예문들은 교사가 여러 출처에서 빌리거나 인용한 것, 직접 쓴 것, 혹은 지난 수업에서 모아둔 것이다. 교사는 수업을 시작하면서 효과적인 주제문 쓰는 법을 배우게 될 것이라고 말한다. 그러나 기준표를 나눠주고 학생들을 내버려 두는 대신, 칠판에 적혀 있는 질문 "설득력 있는 연설을 위한 강력한 주제문의 구성요소는 무엇인가?"를 손가락으로 가리킨다.

교사는 학급을 여러 개의 모둠으로 나누고, 각 모둠에 다양한 주제문이 나열된 유인물을 나눠준다. 5분 정도의 시간을 주고 학생들이 칠판에 적혀 있는 질문을 염두에 두고 그 예문들을 살펴보게 한다. 이어서 학생들을 주목하게 한 후 이렇게 묻는다. "그렇다면 강력한 연설 주제문의 구성요소는 무엇일까요?" 교사는 이미 수업 전에 몇 가지 핵심기준을 파악해서 알고 있지만, 학생들이 그 구성요소들을 스스로 발견해 학습의 주도권을 갖기를 바라고 있다. 학생들이 중요한 구성요소를 파악하기 힘들어한다면 토의 중에 학생들을 지도해줄 수 있다.

학생들은 짧은 토의를 통해 강력한 주제문의 중요 요소를 파악한다. 그러면 성공적인 주제문이 무엇인지 분명히 이해한 상태에서, 적절한 학습목표의 도움을 받아, 설득력 있는 주제문을 작성하는 스킬에 숙달한다는 목표로 제대로 실습해볼 준비가 된다. 교사 역시 학생들을 제대로 코치할 준비가 된다.

연구자들은 "학생 관점에서 학습목표는 교사의 요구사항에 부응하는 것과 스스로 학습을 추구하는 것 사이에 차이점이 있다는 사실을 알게 해준다."라면서, "스스로 학습을 추구하는 학생은 동기수준이 높고, 더 많이 배우며, 더 강한 메타인지 스킬(metacognitive skills)을 발달시킨다."라고 덧붙인다(Moss & Brookhart, 2012, p.40).

자신의 학습 증명하기

학생 스스로 학습성과를 보여줄 수 있도록 평가를 계획하라

핀란드에는 표준화시험이 비교적 적다고 알려져 있다. 이런 평판 때문에 어떤 사람들은 핀란드 교사들이 학생을 전혀 평가하지 않는다고 여기기도 한다. 하지만 사실이 아니다. 예를 들어, 핀란드 초등학교 교사들은 내가 미국 학교에서 예상했던 수준보다 더 자주 총괄평가(summative assessment)를 시행한다. 이러한 현상은 핀란드의 전통적인 채점방식에서 기인한다. 핀란드에서는 초등학교 아이들도 학기 말에 과목별로 숫자가 매겨진 성적을 받는다. 평가등급은 최하가 4점, 최고가 10점이다. 이런 전통적인 채점방식 때문에 교사들은 여러 번 시험을 치르고, 평균점수를 내 숫자가 매겨진 성적을 내야 한다는 부담감을 느낀다.

그런데 핀란드의 전통적인 시험과 채점방식이 이제 달라지고 있다. 핀란드의 최신 교육과정은 2016년 가을에 도입되었는데, 초등학교 아이들에게는 숫자로 매겨지는 성적에 대한 비중을 낮추고, 학기 말에는 구두로 피드백을 주도록 허용하고 있다. 핀란드의 학교에서도 형성평가(formative assessment)를 유도하는 움직임이 커지고 있는 셈이다.

성적은 순수한 배움의 기쁨에서 학생들을 멀어지게 하는 경우가 많다. 내가 전통적인 채점방식에 반대하는 이유이기도 하다. 그러나 학생들이 학습을 증명하게 하는 것은 좋아하는데, 그 과정에서 숙달이 이루어지기 때문이다. 헬싱키 학교에서 나는 핀란드인 동료교사들이 직접 총괄평가를 만드는 모습을 자주 봤다. 그들은 학교에서 주는 상업적 교육과정 자료에 들어 있는 단원별 총괄 테스트의 일부 요소를 활용하지만, 미국 학교에서 내가 그랬던 것처럼 일부 혹은 전부를 복사할 수 있도록 허용된 자료를 그대로 사용하는 경우는 드물었다.

핀란드 교사들은 시험을 학생에게 맞춤으로써 교수내용과 평가를 좀 더 긴밀히 연계시키려고 노력해왔다. 그리고 이런 전략 덕분에 학생들은 학습을 보다 효과적으로 증명할 수 있었다.

눈에 띈 건 그것만이 아니었다. 교사들에게는 그런 맞춤형 평가에 적용하는 간단한 원칙이 한 가지 있었는데, 나는 헬싱키의 멘토교사 덕분에 이 특별한 측면에 처음 눈을 뜨게 되었다. 그 교사는 학생들에게 시험문제에 답할 때 '퍼루스텔라(perustella)'를 요구할 때가 많다고 했다. 이 핀란드어 단어를 알려주면서 어떻게 번역해야 할지 모르겠다고 했는데, 그 개념에 대해 토의한 결과 '근거를 제시해 정당화하다(justify)'라는 의미에 가까웠다. 따라서 학생들은 이 교사가 낸 시험지에서 학습의 증거를 제시해 알고 있는 바를 보여줘야 한다.

교무실이나 교사 휴게실에서 동료교사들이 만든 맞춤형 시험지를 검토해보니, 확실히 동일한 철학이 스며들어 있었다. 답변의 근거를 제시함으로써 학습을 증명하게 하는 방법은 15세 학생들의 비판적이고 창의적인 사고력을 측정하는 PISA 시험에서 핀란드가 꾸준히 높은 성적을 내는 이유를 어느 정도 설명해주는지도 모른다.

'퍼루스텔라'의 개념을 가장 쉽게 볼 수 있는 곳은 핀란드 고등학교의 수학능력시험(Matriculation Examination, 핀란드에서 고등교육 종료 시 치르는 시험으로, 졸업시험이자 대학입학 자격시험-옮긴이)이다. 핀란드 학생은 고등학교 필수과정을 통과하면 국가시험인 수학능력시험을 칠 자격을 얻게 된다. 수학능력시험은 수학능력시험위원회가 주관하고 전국의 고등학교에서 동시에 시행된다. 고등학교를 졸업하기 전에 학생들은 이 국가시험에서 적어도 4개의 개별 시험을 통과해야 한다. 필수과목 하나를 제외하고는 어떤 과목을 시험 칠지 선택할 수 있다. 필수로 지정된 과목은 모국어인 핀란드어나 스웨덴어 혹은 사미어(Sami, 노르웨이, 스웨덴, 핀란드, 러시아에 흩어져 사는 원주민 언어-옮긴이) 능력을 평가하는 시험이다(Sahlberg, 2015). 『핀란드의 끝없는 도전(Finnish Lessons)』(2016)에서 파시 살베리는 핀란드의 수학능력시험이 다른 나라의 일반적인 표준화시험과 어떻게 다른지에 대해 설명한다.

이러한 개별 시험의 본질은 예기치 못한 돌발과제를 처리하는 학생들의 능력을 테스트하려는 것이다. 예를 들면, 캘리포니아 고등학교 졸업시험(California High School Exit Exam, CAHSEE)은 잠재적으로 편향되어 있거나 민감하거나 논란의 여지가 있는 주제는 최대한 피한다는 방침을 따르지만, 핀란드의 시험은 정반대이다. 학생들은 통상적으로 진화론, 실업, 다이어트, 정치문제, 폭력, 전쟁, 스포츠 윤리, 정크푸드, 섹스, 마약, 대중음악과 관련된 이슈에 대처하는 능력을 입증해 보여야 한다. 그러한 이슈들은 여러 분야의 주제에 걸쳐 있으며, 때로는 통합 학문적 지식과 스킬을 요구한다(Chapter 1, loc. 1083).

살베리가 예로 든 수학능력시험 문제를 살펴보면 다음과 같다.

- **모국어** : "미디어는 시청자를 놓고 경쟁하고 있다. 그에 따른 여파는 무엇인가?"

- **철학과 윤리** : "행복, 좋은 인생, 복지는 어떤 의미에서 윤리적인 개념인가?"

- **보건 교육** : "핀란드에서 식품섭취 권장안은 무엇에 기반을 두고 있으며 그 목적은 무엇인가?"(Strauss & Sahlberg, 2014)

* * *

헬싱키에서 핀란드인 동료교사들에게 영감을 받은 나는 단원 총괄평가를 설계하기 시작했다. 도전적인 개방형 문제들을 중심으로 창의적이고 비판적인 사고를 요구함으로써 학생들이 배운 것을 증명하게 하는 형태였다. 나는 학생들이 이런 종류의 문항에 대해 특정 교과내용에 대한 지식과 이해를 보여주는 증거를 제시하면 점수를 주기로 했다.

평가설계 방식을 바꿨더니, 한 단원이 끝나고 나서 학생들이 특정 과목의 교과내용을 숙지했는지 확인하기가 훨씬 쉬워졌다. 학생들은 자기가 학습한 바를 충실하게 증명해야 했다. 내가 과거에 실시한 총괄평가의 문항들은 너무 쉽거나 제한적이어서 이런 능력을 입증해 보이기가 어려웠다. 그런데 핀란드식 평가는 학생들이 기본적인 수준의 이해와 지식 그 이상을 보여줄 수 있는 여지를 허용했다.

헬싱키의 우리 반 학생들은 이런 총괄평가를 부담스럽게 여길 때도 있었지만, 많은 학생이 도전적인 개방형 문제에 비판적이고 창의적으로 답할 수 있다는 데 자부심을 느끼는 듯했다. 그때까지 나는 학생들이 시험문제에 답할 수 있다고 해서 자부심을 느끼는 경우를 본 적이 없었다.

다음은 6학년 여러 과목의 시험에서 내가 설계한 문항의 예이다.

- **물리** : '접지(earthing, 전기기기와 지면을 구리선 등의 도선으로 연결하는 것-옮긴이)'의 원리를 설명하라. 설명에는 '피뢰침'

이라는 용어를 언급하라. 문장으로 서술하고, 도표를 만들어 설명을 보완하라.

- **지리** : 식물대와 기후대의 차이는 무엇인가? 풀어서 설명하고, 설명에 도움이 된다면 다이어그램을 그려라.

- **역사** : 사람들은 왜 핀란드로 이주했을까? 자신의 생각을 설명하라.

- **윤리** : 첫 번째 윤리시험에서 여러분은 자신이 인생에서 직면할 수 있는 '윤리적 딜레마' 한 가지에 관해 서술했다. 이번에는 '민주적 딜레마'를 하나 택해서 서술하라. 실제로 존재하는 갈등도 괜찮고 상상 속의 갈등도 상관없다. 반드시 자신의 삶에서 마주칠 만한 문제가 아니어도 되고, 뉴스에서 들어본 적이 있거나 상상으로 꾸며낸 문제여도 좋다. '민주적 딜레마'의 구체적인 사례 한 가지를 제시하고, 그것이 왜 '민주적 딜레마'인지 문장으로 설명하라.

- **화학** : 치약이 산성인지 알칼리성인지 알아내라는 요청을 받았다고 상상해보자. 과학자처럼 사고한다면 어떻게 하겠는가?

수업시간에 학습내용에 대한 숙달을 더욱 촉진하고 싶다면 핀란드 교사들이 시험을 설계할 때 쓰는 방식을 따라야 한다. 학생들이 어려운 개방형 질문에 답하면서 그 근거를 제시하도록 하면 된다. 학생들 스스로 학습을 증명하게 하는 이 전략은 총괄평가를 만들 때만 적용되는 것이 아니고, 평소에 교실토론, 모둠활동, 형성평가에도 적용할 수 있다.

27

성적에 대한 의견

학생이 받게 될 성적을 사전에 알려주고 의견을 청취하라

반타에 있는 마르틴락소고등학교 페카 페우라(Pekka Peura) 선생님의 수학수업을 처음 참관했을 때, 나는 무엇을 보게 될지 확신할 수 없었다. 금발이 양쪽 귀를 거의 덮은 이 선생님은 어떤 시험도 보지 않는다고 들었기 때문이다. 그가 가르치는 10학년 학생들은 느긋한 자세로 교실에 몇 명씩 무리 지어 앉아 있었다.

그날 오전에 페카 선생님이 짧은 강의식 수업을 진행했는지 나로서는 알 수 없었다. 선생님은 나와 두 명의 다른 방문객을 소개한 후 학생들에게 자유시간을 주었는데, 아이들은 무엇을 해야 할지 정확히 알고 있었다. 수업 내내 학생들 거의 모두가 공책과 교과서를 펼쳐놓고 수학의 다양한 영역을 완벽히 숙지하려고 노력했다. 페카 선생님은 교실을 돌아다니다가 가끔 걸음을 멈추고 학생들과 이야기를 나누곤 했다.

나는 한 학생에게 페카 선생님의 수업방식에 대해 설명해달라고 부탁했다. 모든 학생들은 각자 무엇을 해야 할지 어떻게 알았을까? 이 학생은 나에게 참고서를 보여줬다. 교육과정에 바탕을 둔 수학 개념들이 선별된 책이었다. 수학 개념들은 가장 기초부터 최고급까지 순서대로 정리되어 있었고, 개념의 각 범주 밑에는 학생들이 풀어야 할 연습문제가 있었다. 그리고 해답을 찾아보면 학생이 특정 수준의 수학 개념에 도달했을 때 받을 수 있는 성적을 확인할 수 있었다.

교실 뒤쪽에서 야구모자를 쓴 남학생 두 명이 컴퓨터를 하고 있었다. 나는 그 뒤의 빈 의자에 앉아 있다가 아이들이 유튜브 동영상을 보는 중임을 알게 되었다. 그런데 동영상은 수학에 관련된 것이 아니라 종합격투기클럽(UFC) 경기 영상이었다. 숨기려는 시도조차 하지 않는 모습에 조금 놀라서 그중 한 명에게 이 정도의 자유가 원래 허락되는지 물어봤다. 스스로 해야 할 일을 잘 할 거라고 페카 선생님이 자신들을 믿어주신다는 대답이 돌아왔다. 둘 다 그 시간에 수학 공부를 하고 싶은 마음이 없고 유튜브 서핑을 하고 싶었다고 말했다. 그리고 수업시간에 하지 않은 과제는 집에서 마무리할 수도 있다고 했다.

페카 선생님의 수학수업에는 숙제가 없다. 적어도 전통적인 의미의 숙제는 아니다. 그 수업을 듣는 학생은 원한다면 7주 내내 숙제를 하지 않아도 된다. 단, 그럴 경우 자연스러운 결과가 뒤따른다. 문제풀이 시간이 많이 줄어들어, 기초 개념부터 최고급 개념까지 숙지하기 위해 투자하는 시간도 많이 줄어든다는 것이다.

지난 7년간 페카 선생님은 학생 스스로 자신을 평가하는 시스템을 구축해왔다. 학생들은 핀란드 고등학교의 일반적인 평가 간격에 따라 6~7주에 한 번씩 선생님과 만나서 5~10분 정도 간단한 회의를 하고, 최종성적에 합의한다. 보통은 학생들이 먼저 자기가 받을 점수를 제안하는데, 페카 선생님에 따르면 그 점수는 일반적으로 학생의 진척도를 정확하게 나타낸다고 한다. 그리고 이 시스템을 시행해본 결과 시험점수로 평균을 내서 성적을 부여하는 전통적인 방법에 비해 결코 정확성이 떨어지지 않았다고 한다.

교사로서 나는 페카 선생님이 평가와 채점에 대한 주도권을 학생들에게 넘겨줬다는 데서 큰 감명을 받았다. 평가와 채점이라는 두 영역은 전통적으로 교사의 손에 전적으로 달려 있기 때문이다. 앞에서 평가라는 주제에 초점을 맞춰 '학습을 증명하라'라는 전략을 탐구했다면, 여기서는 채점이라는 주제로 시선을 돌려, 학생들과 함께 성적을 논의한다는 전략을 집중적으로 살펴볼 것이다.

* * *

핀란드 공립학교에 근무하는 동안, 몇몇 동료교사들이 학기 말에 성적표를 인쇄하기 전에 학생들 개개인과 성적에 관해 대화하는 내용을 우연히 듣게 되었다. 대화는 보통 짧게 끝났다. 교사가 학생에게 주려는 성적을 알려주면 해당 학생은 그에 반응할 기회를 얻는 식이었다. 나는 이런 방식이 너무나 존경스러웠다. 교사가 학생들과 분명하게 의사소통을 하고 친밀감을 강화할 뿐만 아니라 자신의 학습을 돌아보도록 권고하고 있었기 때문이다.

물론 학습에 대한 성찰은 성적표가 나오기 전에 교실에서 이뤄져야 한다. 하지만 내가 핀란드에서 목격한 이 방법, 즉 학생들에게 성적을 알려주고 반응을 확인하는 간단한 절차는 꼭 필요하다. 채점기간이 되면 자신의 학습을 성찰하는 것에 별 관심이 없어 보이는 학생들까지 대다수가 한 걸음 뒤로 물러나서 자신의 진척상태를 평가할 준비를 한다. 교사는 때에 따라 마음대로 성적을 부여하기도 하지만, 아이들에게는 성적이 큰 의미가 있다. 때문에 성적 통지기간은 학생들이 자신의 학습을 성찰하도록 돕기에 더할 나위 없이 좋은 기회가 된다.

나는 성적 매기기를 좋아한 적이 없다. 특히, 숫자로 등급을 매기는 행위는 내가 애써 조성하려는 즐거운 교실 분위기를 망칠 가능성이 크다고 느끼곤 했다. 가장 큰 문제는 많은 학생이 자신이 받는 성적에 자존감을 결부시킨다는 것이다. 즉, 성적이 좋으면 똑똑한 아이이고, 성적이 나쁘면 멍청한 아이라고 생각한다. 물론 우리는 이런 생각이 말도 안 된다는 걸 안다. 당연한 말이지만 성적이 사람을 정의해서도 안 된다.

그러나 성적 매기기는 많은 교사에게 피할 수 없는 문제이다. 솔직히 말하면 나는 학교에서 아이들을 가르치는 동안 이 문제에 올바로 대처하지 못했다. 핀란드 동료들의 좋은 본보기를 보고 나서도 마찬가지였다. 헬싱키의 우리 반 학생들과 성적을 이야기하는 것이 불편했고, 내가 먼저 대화를 시작하는 경우는 드물었다. 나는 성적을 매기고, 성적표를 인쇄해서 학생들에게 건네준 다음 학생들이 최종 점수를 보고 너무 속상해하지 않기를 바랐다.

미국 공립학교와 사립학교에서 보낸 내 학창시절의 경험이 교사가 된 후 성적에 관한 생각에 어떤 영향을 미쳤을까 궁금하다. 미국에서 학교에 다니는 동안, 선생님과 일 분이라도 성적에 대해 이야기를 나눠본 적이 한 번도 없었다. 교실에서 개별학습 시간을 활용하면 그리 어렵지 않았을 텐데도, 어찌 된 일인지 그런 기억이 전혀 없다. 그나마 기억나는 것은 선생님이 부모님과 내 성적에 관해 이야기를 나눈 일이다. 그런데 지나고 나서 생각해보니 그 방법도 괜찮았지만 충분하지는 않았던 것 같다. 짧은 대화라도 선생님과 직접 대화를 나눴다면 큰 도움이 되었을 것이다.

앞으로 나는 학생들과 성적에 관한 이야기를 더 잘하고 싶다. 페카 페우라를 비롯한 핀란드 교사들은 이 대화가 불편하더라도 가치 있는 일임을 보여줬다. 개인적인 대화를 통해 교사들은 학생들이 자기 성적을 더 잘 이해하고 주도권을 갖게 할 수 있다. 또, 아이들이 자신의 학습을 성찰하도록 도울 수 있고, 궁극적으로는 숙달 수준에 이르려는 노력을 뒷받침할 수 있다.

Mindset

사고관점을 위한
수업 테라피

학교 수업시간이 비교적 길고, 주(州)별 성취기준이 정확하고 상세하게 짜여 있으며, 표준화시험은 물론 다른 요구사항들이 많아 스트레스가 상당한 미국에서 학생들을 가르치는 일은 절대로 쉽지 않다. 그럼에도 불구하고 나는 자기 직업에 대한 열정으로 가득 찬 미국인 교사들을 많이 만났다. 그들은 교직을 단지 하나의 일자리로 생각하지 않고, 소명이 있는 천직이라고 생각했다.

미국에서의 교직생활과 관련해서 개인적으로 가장 그리운 부분은 자기 직업에 대한 넘치는 열정과 뚜렷한 목적의식을 가진 교사들의 공동체이다. 미국에서는 자신의 전문성 향상을 위해 매년 상당한 액수의 사비와 자유시간을 들여 전문성을 개발하는 교사들을 흔히 찾아볼 수 있다. 하지만 핀란드에서는 상황이 조금 달랐다.

나는 핀란드의 여러 학교를 찾아다니면서 유능하고 근면한 교사들을 많이 만나봤다. 그들은 학교에서 일어나는 갖가지 문제를 해결하는 데는 빈틈이 없어 보였다. 하지만 교육 관련 논문을 찾아서 읽는다든지, 하계 교사연수에 참석한다든지, 교실에서 새로운 교수법을 실행한다든지, 이런 식으로 자신의 전문성을 높이기 위해 의도적이고 자발적인 조치를 취하는 핀란드 교사들은 그리 많지 않았다. 어쩌면 교직에만 국한되지 않는 핀란드의 문화적 특성인지도 모르겠다. 수년에 걸쳐 다양한 직업군에 속하는 여러 핀란드인과 대화를 나눠봤는데, '일하기 위해 산다'보다는 '살기 위해 일한다'를 인생의 신조로 삼고 있는 것처럼 보였다. 자기 직업에 만족하는 것처럼 보였지만 자유시간에는 전문성 향상에 큰 투자를 하기보다는 취미생활에 골몰하는 것 같았다.

나는 목적의식이 강하고 헌신적인 미국인 교사들을 많이 만났지만, 그들이 직업적 소명을 완수하기 위해 사용하는 방법에 대해서는 의구심이 들었다. 지금까지 우리는 행복의 네 가지 구성요소, 즉 웰빙(well-being), 소속감(belonging), 자율성(autonomy), 숙달(mastery)에 대해 살펴봤다. 그런데 즐거운 교실 분위기를 조성하는 데 가장 필수적인 요소는 다섯 번째 구성요소인 사고관점(mindset)이 아닐까 싶다.

행복 연구자인 라즈 라후나탄(Raj Raghunathan)에 따르면 사람들이 인생을 바라보는 세계관은 크게 두 가지다. 그는 2016년 《애틀랜틱》의 기자 조 핀스커(Joe Pinsker)와의 인터뷰에서 다음과 같이 설명했다. "한쪽 끝에는 결핍중심(scarcity-minded) 접근법이 있다. 내가 이익을 얻으려면 다른 누군가가 손해를 봐야 한다는 시각으로, 이렇게 사고하면 사회적 비교에 빠질 수밖에 없다. 다른하나는 풍요지향(abundance-oriented) 접근법으로, 이 접근법을 취하는 사람들은 모두가 성장할 수 있는 여지가 있다고 본다."

라후나탄은 풍요지향 접근법을 택하는 본보기로 아이들을 꼽는다. 아이들은 '외적인 잣대' 때문에 다른 길로 빠지지 않는다(Pinsker, 2016). 아이들은 무엇이 됐든 자신에게 큰 기쁨을 주는것을 추구한다고 인터뷰에서 말했다.

핀란드에서 만난 교사들 다수가 이 풍요지향 접근법을 채택하는 것 같았다. 그들은 다른 교사들과 자신을 비교할 만한지를 놓고 동요하지 않았다. 바로 그런 태도가 업무에도 즐거움을 불어넣었다. 이런 사고관점이 가장 분명하게 드러나는 부분 중 하나는 핀란드 학교에서 내가 봐온 활발한 공동작업이다. 15분씩 휴식시간이 주어지고 근무시간도 짧은 핀란드에서, 교사들이 서로를 경쟁자로 여겼다면 과연 그렇게 적극적으로 협업했을까 하는 의구심이 든다.

반면, 대부분의 미국 교사들은 결핍중심 접근법을 취하는 쪽에 가깝다. 예를 들어, 미국에서는 교사를 수석교사(master teacher)라는 호칭으로 부르는 경우를 수도 없이 목격했다. 이런 직함을 사용하는 것은 교사로서의 숙련된 전문성보다는 한 개인의 우위를 표현하기 위해서가 아닌가 하는 생각이 든다. 물론 핀란드에도 '수석교사'가 있지만, 누군가가 그런 식으로 높여 부르는 것을 들은 적은 없다.

트위터가 최선의 지표는 아니지만, 미국인 교사들이 트위터의 프로필에 자신의 열정보다는 수상내역에 초점을 맞춰 자기소개를 써놓은 것을 보고 신기했던 적이 참으로 많다. 게다가 요즘은 미국 교사들 사이에서, 이른바 '마이크로자격증(micro credential, 특정 기술에 대해 어느 정도 지식과 능력이 있음을 증명하기 위한 자격증-옮긴이)'이 유행처럼 번지고 있다. 이는 특정 교육영역에서 숙달했음을 표시하기 위해 소셜미디어상에 보이는 일종의 디지털 배지(badge)로 표현된다. 이런 마이크로자격증은 교사들의 강점을 인정해주는 좋은 수단인 것 같지만, 나는 또 다른 형태의 직업적 가식행위가 아닐까 염려스럽다.

사소하고 미묘한 증거들이지만, 이런 것들이 미국의 많은 교사가 자기 직업에 대해 결핍중심 접근법을 취하고 있음을 보여주는 신호가 아닐까 생각한다. 만약 사실이라면 라후나탄(Raghunathan)은 이것이야말로 중대한 문제라고 지적한다. "행복감과 성취감을 누리는 삶을 사는 비법은 궁극적으로 결핍중심 접근법에서 벗어나 풍요지향 접근법으로 가는 데 달려 있기 때문이다(2016, p.242)."

교실에서 즐거움을 높이려면 교사들이 풍요지향 접근법을 강화할 필요가 있다. 교사로서의 강한 목적의식을 내던지라는 뜻이 아니라, 경쟁으로부터 시선을 돌리라는 뜻이다. 그러면 남들보다 더 잘하려고 애쓰지 않고, 동료교사들이 어떻게 발전해나가든 자신이 할 수 있는 내에서 최선을 다하는 데 집중할 수 있다.

이 장에서는 교육에서 풍요지향 접근법을 키워줄 6가지 방법을 제시한다. 물론 내가 핀란드 교사들의 업무방식을 지켜보다가 영감을 얻은 방법들이다.

28

몰입의 경험 선사하기

경쟁을 최소화하되 최선을 다하게 하라

미국 보스턴 지역에서 근무할 때 같은 학교에 젊은 선생님이 있었다. 그 선생님은 자기네 교실 밖 복도 벽에 학생들의 작품을 잔뜩 붙여놓곤 했다. 복도에 게시판이 따로 없는데도 개의치 않고 수십 개의 작품을 벽에 붙였다. 가끔 그 반을 지나갈 때 불쑥 짜증스러운 마음이 들었다. 모퉁이만 돌면 우리 반 게시판이었다. 거기는 사람들이 별로 다니지 않았고, 우리 반 학생들의 작품도 몇 개 걸려 있지 않았다.

지금은 좀 한심하게 생각되지만, 그때는 이 선생님에게 점점 적개심을 품게 되었다. 복도를 지날 때면 내가 열등한 교사라는 이야기를 하려고 그 작품들을 붙여놓은 게 아닌가 하는 생각이 들기 시작했다. 그러면서도 나는 '수준 높은' 작품만 세심하게 선별해서 게시하니까 실제로는 내가 더 뛰어난 교사라고 생각하며 콧대를 세웠다.

돌이켜 생각해보면, 내 자신감 없는 태도로 교육의 기쁨이 얼마나 반감되었을지 짐작이 가고도 남는다. 나는 적개심에서 비롯된 부정적인 감정을 교실에 그대로 가지고 들어갔고, 동료보다 잘해야 한다는 생각에 스스로를 점점 더 몰아붙였다. 일을 마음껏 즐기는 대신, 더 우위에 서려고 애쓰는 소모전 때문에 집중력을 잃곤 했다.

우위를 점한다는 것은 매력적인 목표라고 라즈 라후나탄은 말한다. 연구결과에 따르면 지위가 높을수록 자존감이 높고 더 자율적인 인생을 살아가며, 실제로 행복도를 끌어올린다. 그러나 이런 연구결과가 우위를 추구할 만한 가치가 있음을 의미하는 것은 아니다. 우위를 추구하다 보면 기쁨이 반감될 수 있기 때문이다. 따라서 라후나탄은 '몰입(flow)'을 추구하는 편이 더 현명하다고 설명했다(Raghunathan, 2016).

그렇다면 몰입이란 무엇일까? 몰입의 권위자로 알려진 긍정심리학자 미하이 칙센트미하이(Mihaly Csikszentmihalyi)는 몰입이라는 정신상태에 대해 다음과 같이 설명한다.

어떤 행위 자체가 좋아서 거기에 전적으로 빠지는 것이 몰입이다. 이때 자아는 사라진다. 시간은 눈 깜짝할 새에 흘러간다. 모든 행동과 움직임, 생각은 마치 재즈를 즉흥적으로 연주하는 것처럼 이전의 행동과 움직임, 생각에 뒤따라 이어진다. 몰입하면 존재 전체가 깊숙이 빠지며 기량을 최고조로 발휘하게 된다(Cherry, 2016b).

나는 교사로서 이러한 정신상태를 맛볼 때가 있다. 학생들과 함께 도전적이고 흥미로운 작업을 하는 동안 완전히 자신을 잊은 행복한 상태가 되는 것이다. 그런데 연구에 따르면 몰입은 그냥 단지 기분 좋은 느낌을 불러일으키는 데 그치지 않는다. 몰입에 도달하면 성과를 개선하고 스킬을 발달시킬 수 있다(Cherry, 2016a; Cherry, 2016b). 달리 말해, 긍정적인 감정을 경험하는 동시에 효율적인 작업으로 숙달에 이르게 되는 것이다. 칙센트미하이는 몰입이 일어나게 하는 몇 가지 요인을 꼽았다. 이를테면 내적으로 만족감을 주고, 목표지향적이며, 다소 부담스럽지만 실현 가능한 과제에 매달리는 경우이다(Cherry, 2016a; Cherry, 2016b).

또한 몰입은 도달하려는 목표에 완전히 집중할 때도 증진된다(Cherry, 2016a; Cherry, 2016b). 내가 교사로서 최고의 성과를 내고 있다는 느낌이 들었던 때가 언제였는지 돌이켜보면 다른 일로 정신이 산만하지 않을 때였다. 예를 들면 글쓰기 워크숍이 진행되는 동안, 학생들은 즐겁게 독립작업에 몰두하고, 나는 어떤 방해도 받지 않고 학생과 이야기를 나누고 있을 때 최고의 성과를 내고 있다는 느낌을 받는다. 그러자면 먼저 학생들이 집중해서 작업할 수 있도록 지도해야 한다. 그래야 교사도 가르치는 일에 온전히 집중할 수 있다. 경험 많은 교사라면 알고 있듯이, 아이들이 독립작업을 성공적으로 하는 교실 분위기는 저절로 생기지 않는다.

교실 안에 있는 모든 사람이 몰입상태에 도달하기를 바란다면 명백한 방해요소(예: 휴대전화와 잡담)를 최소화하는 것이 필수적이다. 학생들과 함께 지켜야 할 규칙목록을 간단하게 작성해보면 도움이 될 수 있다. 하지만 내가 반드시 제거해야 한다고 보는 가장 큰 방해요소는 보이지 않는 곳에 있다. 바로 경쟁문화이다.

보스턴 지역에서 근무할 때 나는 '더 뛰어난' 교사가 되는 데 신경 쓰느라 최상의 성과를 내지 못했다. 몰입을 추구하기보다 나 자신을 증명해 보이는 일에 연연하느라 귀중한 시간과 에너지를 낭비했다. 요즘의 나는 교육에 대해 풍요지향(abundance-oriented) 접근법에 더 가까워졌다고 생각한다. 나는 핀란드에서 더 뛰어난 교사가 되는 데 관심이 없어 보이는 교사들을 많이 만났다. 그들은 그저 자기 일을 능숙하게 할 수 있다는 데 만족해한다. 이와 같이 경쟁적이지 않은 태도는 동료들과 함께 더 잘 일하는 데 도움이 되는 것 같았다. 또한 몰입에 도달하는 데도 도움이 되는 것처럼 보였다.

우위가 아니라 몰입을 추구하는 것은 교사 자신만이 아니라 학생들에게도 좋은 일이다. 학생들은 교사들을 지켜보고 있다. 우리 교사들이 남과 비교하지 않고 최선을 다하는 모습을 본보기로 보여준다면 교실에 비경쟁적인 문화가 촉진될 것이다. 우리는 학생들이 몰입을 자주 경험하기를 바란다. 그러려면 경쟁이라는 큰 방해요인을 최소화해야 한다. 교육이 종종 그렇듯이, 우리가 보고 싶어 하는 긍정적인 변화는 바로 우리 자신으로부터 시작된다.

29

대범한 교사 되기

교사 스스로 전문가라는 자부심을 가져라

헬싱키에서 교직에 몸담은 2년 동안 감사하게도 정말 훌륭한 멘토교사를 만났다. 그 선생님은 언제든 나와 이야기를 나눌 준비가 되어 있는 것 같았는데, 가끔은 예상치 못한 순간에도 나타났다. 한번은 어느 초가을 저녁에 교사-학부모 모임이 열렸다. 나는 복도에서 많은 학부모에게 둘러싸여 있었다. 내 멘토교사는 마지막 학부모가 작별을 고하고 갈 때까지 조용히 관찰하며 곁에 서 있었다. 그런 다음 그 선생님이 내게 한 말 때문에 얼마나 놀랐는지 모른다. 내가 너무 학부모의 비위를 맞추려 했다고 지적당했기 때문이다.

처음에 나는 약간 방어적으로 반응했다. 늘 학부모와 소통을 잘한다는 자부심이 있었고, 그날 저녁에도 특별히 뭘 잘못한 것 같지 않았다. 그날 복도에서 무슨 말을 했는지 정확하게 기억나지는 않지만, 멘토교사는 내가 학부모를 기쁘게 해주려고 너무 애쓰는 것 같았다고 했다. 만약 자신이라면 학부모와의 대화에서 '당신은 가정에서 전문가이고 나는 학교에서 전문가'라는 메시지를 분명히 전했을 거라고 설명했다. 그는 내가 스스로 그런 눈으로 바라봐야 한다면서, 마치 케블라(Kevlar, 듀폰 사에서 개발한 질기고 강한 합성섬유-옮긴이)처럼 얼굴이 두꺼워져야 한다고 했다.

멘토교사의 대담함에 나는 적잖이 놀랐다. 이전에도 학부모를 상대할 때 생기는 어려움에 대해 여러 교사와 이야기를 나눈 적이 있었지만, 이 정도로 대범함을 보여주는 사람은 없었다. 예전에 미국인 교사들과 나눈 대화에서는 '까다로운' 학부모가 교사를 위협한다는 느낌을 받기도 했다. 나 역시 그렇게 느낀 적이 있었다. 그런 학부모를 진정시키는 가장 흔한 방법은 그들의 말을 전적으로 수용하거나 얼른 달아나 숨는 것이었다.

그날 저녁에 나는 대범한 교사가 되는 것이 왜 중요한지 이해하게 되었다. 학부모, 학생, 동료교사와의 상호작용은 때때로 힘들고, 그럴 때 교사는 낙담하기 쉽다. 하지만 낙담해버리면 우리의 행복도 금세 사라지게 된다. 교사인 우리는 교실을 즐거운 곳으로 유지해나가기 위해 회복탄력성(resilience)을 길러야 한다.

한 가지 분명히 하자면 대범한 교사가 되는 것은 완고한 교사가 되는 것과 차이가 있다. 멘토교사는 내게 다른 사람들의 피드백을 무시하라고 한 게 아니라, 교사로서의 전문성에 자신감을 가지라고 조언한 것이다. 전문가니까 전문가답게 처신해야 한다는 뜻이었다.

학생들의 회복탄력성(혹은 '근성')을 키워줘야 한다는 글은 많이 봤지만, 교사의 회복탄력성이 중요하다는 책은 별로 보지 못했다. 내가 아는 교사 중에서 가장 즐겁게 일하는 사람들은 '정신력이 아주 강한' 교사들이다. 그들의 자신감은 교사로서의 실력을 넘어선 어떤 것에서 나오는 듯하다. 그들은 실수해도 재빨리 딛고 일어선다.

핀란드에서 나는 동료교사들이 학부모, 동료교사, 심지어 학생들과의 갈등을 처리하는 방식을 보고 깊은 인상을 받았다. 교사가 학교에서 그런 문제에 직면하는 것은 '직면하느냐 마느냐'가 아니라 '언제' 직면하느냐일 뿐이다. 교사가 대범해지면 교육의 기쁨을 지키는 데도 도움이 된다.

'시수(sisu)'라는 핀란드어는 아마 이 나라에서 가장 찬양받는 단어일 것이다. 시수는 대개 핀란드 사람들에게 결부되는 인간적 특성으로, '배짱' 혹은 '역경에 처했을 때의 용기'로 번역할 수 있다. "당신은 전문가잖아!"라는 멘토교사의 말에도 시수의 태도가 깃들어 있다.

헬싱키에서 나는 이 '시수'를 조금씩 키울 수 있었다. 낯선 나라의 새로운 학교에 부임한 신임교사라고 예리한 피드백에서 벗어날 수는 없었다. 당연한 몫의 피드백을 받았다. 그런 피드백 덕분에 나는 일하는 방식을 도움이 되는 방향으로 바꿀 수 있었다. 물론 거친 피드백을 듣고 동의할 수 없어 수용하지 않은 때도 있었다. 누구라도 기분이 상할 만한 상황이었지만, 나는 결국 감당할 만하다고 느끼게 되었다. 나는 전문가이고, 교사로서 최선을 다하려고 했으니까. 이와 같은 태도는 우리 교실의 즐거움을 지키는 데도 도움이 되었다.

구체적으로 말하면, 대범해진다는 것은 화가 난 학부모로부터 길고 가시 돋친 이메일을 받았을 때, 한번 심호흡을 하고 그에 답장할 준비가 되었다는 느낌이 들 때까지 그냥 내버려 두는 것이다. 또한 교장 선생님이 여러 사람 앞에서 동료를 칭찬하면서 비슷한 공을 세운 당신은 인정하지 않을 때 상처받지 않는 것이다. 또한 어떤 학생이 당신 앞에서 욕설을 내뱉더라도 개인적인 공격으로 받아들이지 않는 것이다.

교사라는 직업상의 어려움을 주체하기 힘들 때 내가 쓰는 방법은 잠자리에 들기 전에 그날의 우려에 대해 일기를 쓰는 것이다. 나는 드러나지 않는 문제들을 파악하고 객관화해서 바라볼 수 있을 때까지 잠을 잘 못 이루는 편이다. 그날 학교에서 학부모, 동료, 학생들에게 들은 말이 나를 괴롭히는 원인일 때가 많았다. 나는 정기적으로 일기를 쓰는 사람은 아니지만, 자리에 앉아서 불안감의 근원을 알아내는 그 단순한 행위가 스트레스를 많이 낮춘다는 것을 깨달았다. 그러면서 잠도 더 잘 자게 되었다.

일기를 쓰기 위한 준비방법은 아주 간단하다. 페이지 중간에 세로로 줄을 그어서 두 칸으로 나눈다. 왼쪽에는 '걱정거리'라고 적고, 오른쪽에는 '현실'이라고 적는다. 몇 분 동안 '걱정거리' 칸에 그날 학교에서 나를 괴롭혔던 여러 가지 일을 기억해서 간단히 적는다. 그 작업이 끝나면 '현실' 칸으로 가서 각각의 걱정거리에 부합하는 문장을 한두 개씩 적는다.

이 '현실' 칸은 그날 좌절감이 들었던 일을 실제보다 더 심각하지 않게 받아들이는 데 도움이 된다. 걱정거리를 있는 그대로, 최대한 객관적으로 바라보자는 취지이다. 현실에 관한 문장을 쓸 때, 나는 왼쪽 칸에 있는 좌절감이 드는 사건을 긍정적으로 생각하려고 노력한다. 심지어는 다음 날 학교에서 취할 수 있는 조치를 제안하기도 한다. 다음의 예를 보자.

걱정거리	현실
• 학부모가 생물시간의 새 단원에 대해 비판하는 내용의 이메일을 보냈다.	• 새 단원은 생물 교육과정과 분명하게 연계된다. 내일 그 학부모에게 간단한 메시지를 보낼 수 있다.
• 학생들 사이의 괴롭힘을 간과했다고 어떤 학생이 나를 비난했다.	• 남을 괴롭히는 행위는 심각한 문제지만, 우리 교실에서 나는 아직 보지 못했다. • 내일 아침에 이 학생과 얘기를 나눌 예정인데, 일단 상황을 들어보고 어떻게 대응할지 결정하겠다.

이런 일기를 쓰면 교사로서 의욕이 꺾일 때 마음을 다잡을 수 있고, 평소에도 감사할 거리를 찾는 습관을 기를 수 있다. 또한, 가르치는 일이 즐거울 때나 힘들 때나 공개적으로 또는 개인적으로 감사를 표현하는 단순한 행동이 나를 지탱해준다는 것을 깨달았다. 캘리포니아대학교 리버사이드캠퍼스의 소냐 류보머스키(Sonja Lyubomirsky) 박사는 '감사하는 마음'을 '메타전략'이라고 부른다. 라즈 라후나탄의 표현처럼 "감사하는 마음이 여러 가지 방식으로 행복을 증진시키기" 때문이다. 감사를 표현하는 행동이 인간관계를 단단하게 만든다는 연구결과들도 있다(Raghunathan, 2016).

감사를 표현하는 행동은 우위를 추구하려는 해로운 욕망을 감소시킨다. 라후나탄에 따르면 감사의 표현이란 "혼자만의 힘으로는 어떤 것도 달성할 수 없다는 생각에서 나오기 때문이다."(2016, p.77)

30

동료교사와의 협업
습관처럼, 일상적으로 협업하라

이 책을 쓰기 위해 나는 다양한 계층의 학교 교사들을 인터뷰해 교실 경험을 자세히 듣고 전문가적 통찰을 얻으려고 노력했다. 인터뷰마다 빼놓지 않았던 두 가지 질문은 "교사로서 당신에게 즐거움을 주는 요소는 무엇입니까?"와 "학생들에게 즐거움을 주는 요소는 무엇입니까?"였다.

내가 핀란드 교사들로부터 즐거움을 주는 요소로 가장 많이 들었던 답변은 협업(collaboration)이었다. 이 결과는 그다지 놀랍지 않다. 다음의 내용은 『Flip the System: Changing Education from the Ground Up(시스템을 뒤집어라: 밑바닥에서 근본적으로 교육 바꾸기)』에서 내가 쓴 에세이의 일부이다(Elmers & Kneyber, 2016).

핀란드에 와서 나는 교사들 사이의 활발한 협업을 촉진하는 학교 체제를 만났다. 내 수업의 절반 가까이는 한두 명의 동료교사와 짝을 지어 진행했다. 우리 학교 교사들은 함께 계획하고 수업하는 전통적 의미의 협업만 하는 게 아니라, 진정으로 함께 고생하고 수업의 짐을 서로 나눠 분담했다. 다음 수업에 필요한 자료를 찾는 작업을 서로 도왔고, 도움이 필요한 학생을 지원해줄 더 나은 방법을 상의했으며, 교육과정을 함께 분석했다. 아이들을 위한 휴식시간 개선책에 관해 이야기를 나눴고, 함께 시험지를 채점했으며, 서로에게 기술 지원을 했다. 놀랍게도 이런 일들은 하루 종일 15분의 휴식시간 동안 커피한 모금 마시는 사이에 종종 일어났다(pp.176-177).

앤디 하그리브스(Andy Hargreaves)와 데니스 셜리(Dennis Shirley)도 핀란드 학교의 협업문화에 주목했다(2012).

핀란드 교사들은 할당된 업무를 완수하기 위해서가 아니라, 습관처럼 협업한다. …… 협업은 근무시간을 마치고 추가로 하는 일이 아니다. 일시적으로 팀워크를 발휘하는 것도 아니고, 학교 일과가 끝난 뒤 학생들의 성적 데이터를 함께 분석하는 것도 아니다. 그들은 교육과정을 어떻게 짜고, 그 일을 어떻게 해낼 것이냐와 관련해 협업한다. 교육부 관계자는 "필요한 자원을 지원해주면 교사들이 문제해결 방법을 찾는다."라고 설명했다. 핀란드 학교의 비전과 목표는 인쇄된 전략계획의 형태로 정해져 있는 게 아니라, 매일의 협업을 통해 암묵적으로 공유되는 경우가 많다(p.51).

수년간 나는 미국 교사들 역시 핀란드 교사들이 습관적으로 하 듯 함께 일하고 싶어 한다는 느낌을 받았다. 미국 교사들도 협업 의 필요성을 잘 알고 있지만, 너무 바쁜 일정 탓에 어쩔 수 없다고 느낀다.

교사로서 협업의 즐거움과 혜택을 누리고 싶다면 우리가 통제 할 수 있는 부분에 초점을 맞추는 편이 현명하다. 그러려면 사고 관점을 바꿔야 한다. 부담 없는 일정과 잦은 15분간의 휴식, 그리 고 짧은 일일 근무시간 덕분에 유리한 점이 있기는 하지만, 핀란 드 교사들 사이에 협업이 자주 일어나는 이유는 그것을 선택이 아 닌 필수로 보기 때문이다.

앞서도 말했지만, 나는 헬싱키에서의 첫해에 수업의 절반 정 도를 협동수업으로 진행하는 특권을 누렸다. 하지만 의외로 수업 을 공동으로 계획하는 일에는 별로 시간을 들이지 않았다. 자원교 사(resource teacher, 신체장애가 있거나 학습에 어려움을 겪는 아이들의 읽기 및 쓰기 능력 개발을 집중적으로 돕는 특수교사-옮긴이)들은 우리 교실에 와서 필요한 도움을 주고 떠나곤 했다. 나는 자유시간에 이루어지는 협업이 별로 달갑지 않았다. 오히려 공동작업이 약간 불편했고, 솔직히 말하면 나 혼자서도 잘할 수 있다고 생각했다.

그런데 두 번째 해에는 동료들에게 더 자주 의지하게 되었다. 이렇게 변한 주된 이유는 내가 가을학기에 위기를 한번 겪으면서 매우 의기소침해졌기 때문이었다. 두 번째 해 내내 동료들 몇 명이 협업을 통해 나를 일으켜 세웠고, 결과적으로 아주 멋진 한 해로 마무리되었다. 그 성공은 십중팔구 동료들 덕이었다.

사고관점에 변화가 일어난 것은 동료들에게 의지할수록 내가 교사로서 더 나아진다는 느낌이 들면서부터였다. 동료교사들과 편하고 자연스럽게 함께 일하는 방법을 찾아보자. 나를 포함해 많은 교사가 트위터나 소셜미디어를 이용해 온라인으로 다른 교사들과 함께 일하며 도움을 받지만, 동료들과의 면대면 접촉으로 이루어지는 옛날식 협업을 더 많이 하는 방향으로 돌아갈 필요가 있다. 동료교사는 우리가 매일같이 만나는 사람들이고, 동료들이 도와줄 때 내가 발전할 수 있는 것처럼 동료들 역시 내가 도와줄 때 더 발전할 수 있다. 서로에게 좋은 영향을 주는 관계인 셈이다.

한동안 나는 협업이란 진지하고 체계적인 형태여야 한다고 생각했다. 그래서 '협업'이라고 하면 교사들이 지친 모습으로 머리를 맞대고 단원 지도안을 함께 들여다보는 이미지를 떠올렸다. 하지만 내가 근무한 핀란드 학교에서는 이런 협업을 경험한 적이 없다. 대개 협업은 유기적으로, 교사 휴게실에서 이루어지는 경우가 많았다.

요즘 나는 학교에서의 협업이란 '교수학습의 질적 향상을 위해 둘 이상의 사람들이 함께하는 어떤 일'이라고 정의한다. 그런 의미에서 보면 학부모의 이메일에 정중하게 답장하는 방법에 관해 2분간 나눈 대화도 협업이다. 또, 학업에 어려움을 겪는 학생의 학습필요를 고려하는 방법에 관해 5분간 나눈 수다도 협업의 일환으로 볼 수 있다.

　무엇보다도 협업은 사고관점이 가장 중요하다. 남들과 협력해서 일할 때 더 나은 교사가 된다고 진심으로 믿는다면 사소하고 간단한 협업 방법을 자연스럽게 발견하게 된다. 나는 헬싱키의 동료교사들이 협업을 위해 노력을 기울였다고 생각하지 않는다. 그들의 협업은 교사로서의 사고관점이 가져다준 부차적인 결과처럼 보였기 때문이다.

　협업을 잘하려면 공동체적 태도를 기르는 것이 중요하지만, 동료들과 자주 대화를 나누는 것도 그에 못지않게 중요하다. 이 책의 앞부분에서도 얘기했다시피, 핀란드 학교에서 한 달 정도 근무했을 무렵 동료교사 세 명이 교사 휴게실에서 충분히 시간을 보내지 않는 나를 염려한 적이 있다. 그중 한 사람이 자신은 교사 휴게실에 매일 방문해 긴장을 늦추고 사람들과의 관계 회복에 힘쓸 '필요'를 느낀다고 말했다. 나는 교사 휴게실을 좀 더 자주 찾기 시작하면서, 매일 동료들과 몇 분이라도 함께 앉아 있는 단순한 행동이 더 원활한 협업을 위한 길을 닦아준다는 사실을 깨닫게 되었다.

전문가 초청하기
동료교사와 학부모를 교실로 초대하라

헬싱키에서 아이들을 가르칠 때, 핀란드인 동료들이 서로의 학급을 교실로 초대하는 모습을 꽤 자주 봤다. 사소한 일이었지만, 교사와 학생들에게 즐거움을 가져다주는 의미 있는 행동처럼 보였다.

한번은 물리 선생님이 우리 학급을 자신의 중학교 과학 실습실에 초대해서 전기에 관한 입문 수업을 진행했다. 고맙게도 그는 자유시간에 이 수업을 해줬다. 언젠가 내가 pH(수소 이온 농도를 나타내는 지표-옮긴이)지수를 가르칠 때 그 실습실을 사용할 수 있도록 부탁한 적도 있다. 방과 후에 또 다른 중학교 동료교사는 자료 준비를 도와줬다. 그날 오후에는 화합물에 대해 가르쳐줬고, 다음 날 나는 배운 지식을 수업에 활용했다.

생물시간에 성(sex)에 관한 단원을 가르치기가 민망했는데, 여성 동료교사가 자진해서 우리 반 여학생들을 자기 교실로 데려가 개인적으로 질의응답 시간을 가졌다. 나는 그동안 남학생들과 수업을 했다. 그 선생님은 미리 질문함을 만드는 일을 도와줬고, 학생들이 무기명으로 성에 관한 궁금증을 적어 넣게 했다. 나중에 그 선생님은 나를 자기 교실로 초대해, 미국생활 경험을 들려달라고 부탁했다. 그 반 학생들은 예산의 개념을 공부하고 있었는데, 내가 보스턴에서 생활하던 해에 총수입의 3분의 1을 건강보험 납부에 사용했다는 이야기를 들려주자 매우 충격받았다.

예상할 수 있겠지만, 나는 이 전략의 모범사례를 직접 보기 전까지 동료들을 교실에 초대하고 맞이하는 일이 불편하게 느껴졌다. 그러나 헬싱키에서의 두 번째 해가 끝나갈 즈음에는 완전히 생각이 바뀌었다. 그래서 그해 내내 몇몇 동료들을 우리 교실에 초대했고, 그들은 우리 반 학습을 위해 여러 시간을 투자해줬다. 정규 근무시간에 방문한 적도 있고, 수업이 없는 자유시간에 와준 적도 있다. 교실 방문을 주선하는 일은 그리 어렵지 않았다. 내가 초대하기만 하면 끝이었다.

전문가들을 교실로 더 많이 초대할수록, 나 자신을 더 훌륭한 학습경험을 설계할 수 있는 자원관리자로 보게 된다는 것을 발견했다. 이와 같은 새로운 사고방식으로 나는 어깨 위의 짐을 내려놓게 됐다. 무엇이든 나 혼자 다 할 필요는 없었다. 결핍중심의 세계관을 떨쳐내고 싶다면 학교공동체 안팎에서 다른 사람의 전문성을 인정하고 그 혜택을 누릴 필요가 있다. 전문가를 기꺼이 초청하라는 전략은 풍요지향의 세계관을 굳건하게 해준다.

동료들을 교실로 초대하는 것은 좋은 출발점이다. 같은 건물에서 가르치는 교사라면 초대를 주선하기 어렵지 않다. 앞서 제시한 사례들로 알 수 있듯이, 이런 협업은 복잡할 필요가 없다. 예를 들어, 멕시코에 가본 동료가 한 명 있는데, 당신이 멕시코에 관한 단원을 가르친다고 해보자. 그러면 그 선생님에게 멕시코 여행에서 찍은 사진 몇 장과 흥미 있는 이야깃거리를 학생들과 공유해줄 수 있는지 물어보면 된다. 혹은 학생들이 꾸준히 일기를 쓰면 좋겠는데, 마침 열심히 글을 쓰는 동료교사가 자기 생각을 몇 년째 노트에 채우고 있다면, 그를 교실로 초대해서 일기를 쓰면 좋은 점과 일기 쓰기를 시작하는 방법에 관해 조언을 청할 수 있다.

동료들을 교실로 초대하는 것이 쓸데없는 일로 느껴질 수도 있다. 하지만 막상 해보면 그만한 노력을 기울일 가치가 있다고 깨닫게 될 것이다. 다른 교사들의 시간을 빼앗을까 봐 염려된다면 '맞교환'을 고려해보자. 즉, 어떤 교사가 당신의 교실에서 전문가로 봉사해준다면 당신 역시 그 동료의 교실에서 전문가로 봉사할 수 있다. 한번은 헬싱키의 동료교사 두 명이 이런 식으로 역할을 바꾸었다. 1학년 교사인 파울라 하부가 5학년 교사와 자리를 바꾼 것이다. 나중에 파울라에게 그때의 경험에 대해 물었더니, 매우 흐뭇한 기억으로 회상했다.

동료교사 또는 학부모 같은 전문가를 교실에 초대하면 선생님도 다른 사람으로부터 배울 기회를 찾고 있다는 메시지를 학생들에게 전달할 수 있다. 이런 태도를 기르면 학생들을 전문가로 바라보기도 쉬워진다. 파울라에게 교실에서 학생들에게 즐거움을 주는 요소가 뭐냐고 물었을 때, 그녀는 아이들이 직접 다른 사람을 가르칠 수 있도록 주도권을 더 많이 주는 것이 중요하다고 대답했다. "학생들은 여러 분야에서 전문가예요. 그러니까 선생님이 앞에 나서지 말고 수업 중에 그 아이들을 좀 더 활용하면…… 아이들은 선택의 여지가 있어 더욱 신나게 되죠."

핀란드에 오기 전에도 전문가를 교실에 초청한다는 개념을 받아들인 상태였지만, 내 시각은 상당히 편협했다. 학교 울타리 안에 있는 전문가를 도외시했기 때문이다. 기억하겠지만 헬싱키에서의 첫해에 나는 학기 초 몇 주 동안 핀란드 올림픽 선수와 패럴림픽 선수를 초빙하는 일에 상당한 노력을 기울였다. 이제야 드는 생각이지만 학교공동체 안의 인적 자원을 먼저 살펴봤다면 훨씬 효율적이었을 것이다. 요즘도 나는 학교 외부에서 전문가를 맞아들이는 것이 가치 있는 일이라고 믿지만, 주변에 있는 사람을 먼저 고려하는 것이 가장 좋다고 생각한다. 그들의 기여가 수업에 도움이 될 뿐만 아니라, 초대 행위 자체가 전문성을 인정해주는 것이어서 서로에게 좋은 전략이다.

방학기간
휴식과 재충전의 시기로 사용하라

　　처음에 헬싱키 학교에서 5학년을 맡아달라는 제안을 받고 수락했을 때 나는 너무 기뻐서 황홀할 지경이었다. 그러면서도 망설임이 있었다. 핀란드에서 좋은 선생님이 되려면 어떻게 해야 할지 백만 가지 의문이 들었기 때문이다.

　　핀란드인 교장 선생님은 내가 질문을 차고 넘치도록 할 거라고 짐작했음이 틀림없다. 7월 말까지 여름휴가로 자리를 비울 거라고 선언했기 때문이다. 교장 선생님이 자리를 비운다는 건 약간 충격이었다. 미국에서 내가 알던 교장 선생님들은 여름 내내 일했다. 핀란드인 교장 선생님은 질문이 있으면 핀란드인 동료교사에게 연락하라며 상냥하게 안내해줬다.

　　그래서 나는 동료교사에게 이메일을 보내, 다음 주에 통화를 할 수 있느냐고 물었다. 그러자 희한한 일이 또 일어났다. 7월이 되도록 아무런 답장이 없다가 마침내 도착한 이메일에는 여름별장에

와 있으니 휴가가 끝난 후에 대화하자는 정중한 제안이 담겨 있었다. 하나의 패턴이 보이기 시작했다. 헬싱키의 동료들은 여름 동안에 말 그대로 자리를 비우는 것 같았다.

처음에 나는 이런 접근법에 회의적이었다. 내가 존경하는 미국 교사들은 여름방학이라는 이유만으로 일을 그만둔 적이 없었다. 나도 마찬가지였다. 미국에서 나는 여름의 상당 기간을 교사 세미나에 참석하고, 학술지를 읽고, 가정방문 차 학부모와 학생들을 만나면서 보냈다. 나는 자유롭게 일할 시간이 많아져서 여름방학을 좋아했다. 그런데 세계 최고의 교사라고 국제적으로 인정받는 핀란드 교사들은 여름 내내 연락이 끊기다시피 하곤 했다. 지금은 나도 핀란드인들 사이에서 흔하게 실천되는 이 관행의 진가를 인정하고 있다.

해마다 여름방학이 와도 휴가기간을 갖는 것은 나의 우선순위에서 늘 밀렸었다. 하지만 지금은 다르다. 좀 더 오랜 시간을 재충전에 투자하면 일을 더 잘 해낼 수 있음을 알게 되었다. 휴식은 새 학년을 준비하는 데 도움이 된다. 내 경험상 핀란드 교사들은 여름방학 동안에 학교 관련 일을 거의 하지 않는다. 핀란드에서 몇 년을 살았지만, 아무리 생각해도 이런 방식은 너무 극단적이라는 느낌이 든다. 그래서 나는 절충안으로 긴 방학기간에 학교 일에서 손을 떼는 시간도 적절히, 전문성 개발을 위한 시간도 적절히 갖는 쪽을 선호한다. 교사로서 업무를 되돌아보고 교실에 적용할 새로운 영감을 주는 아이디어들을 얻기에 여름방학보다 좋은 시기가 없다.

미국 교사들에게서 발견한 문제점은 여름방학에 재충전 시간을 넉넉히 갖지 않는다는 것이었다. 물론 부족한 잠을 자고 관심 있는 책을 읽는 것도 좋지만, 휴가 중 작정하고 자리를 비우는 핀란드식 전략도 바람직하다. 앞서 넌지시 밝힌 것처럼, 여름 내내 수업과 관련된 일에는 전혀 손대지 말자는 말이 아니다. 다만 일정 기간 동안 업무를 제쳐놓는 것을 우선순위로 삼아보면 어떨까 제안하는 것이다.

브리짓 슐트(Brigid Schulte)는 저서 『타임 푸어(Overwhelmed)』(2014)에서 하버드 경영대학원에서 실시한 주목할 만한 연구를 하나 소개한다. 적당한 휴식을 취하는 것이 바람직하다는 사실을 뒷받침해주는 연구이다.

연구자들은 보스턴의 어느 컨설팅업체에서 일하는 직원들을 두 개의 그룹으로 나눴다. 첫 번째 그룹은 주당 50시간 이상 일하고, 휴가를 전혀 쓰지 않고, 온라인으로 회사와 24시간 연결된 상태로 생활했다. 두 번째 그룹은 주당 40시간 일하고, 휴가를 남김없이 쓰고, 휴무시간과 퇴근 후 시간의 통화는 돌아가면서 담당하는 방식을 택했다. 고객들의 요구에 충실하면서도 직원들이 규칙적이고 예측 가능한 시간에 죄의식 없이 사무실과 완전히 단절되도록 한 것이다.

두 개의 그룹 중 어느 쪽의 직원들이 일을 더 잘했을까? 당연한 이야기일지 모르지만 사무실과 단절되는 시간을 가진 두 번째 그룹이 직장 만족도도 높았고, 일과 삶의 균형도 잘 잡혀 있었다. 하지만 그것만이 아니었다. 그들은 새로운 것을 배웠고, 팀 동료들과 더 활발하게 소통했으며, 더 효율적으로 일했고, 결과적으로 첫 번째 그룹의 동료들보다 생산성도 높았다. 다른 연구들도 비슷한 결과를 보여준다. 휴가를 다 쓰는 직원들은 회사 이직률이 낮을 뿐 아니라 업무평가에서도 높은 점수를 받았다. 그런 직원들은 더 창의적이었고, 계속 쏟아져 들어오는 이메일을 확인하고 곧바로 답장을 보내야 한다는 요구에서 해방된 직원들은 집중력도 높았다. 그들은 스트레스를 적게 받으면서 더 많은 일을 해냈다(p.91).

할 수만 있다면 방학기간 동안에는 가족이나 친구와 함께, 혹은 혼자서라도, 당일치기로 등산을 다녀오거나, 유람선 여행을 가거나, 며칠간 해변에서 휴식을 취하는 등 물리적으로 자리를 비우는 것이 현명하다고 생각한다. 반드시 어디론가 떠나야만 휴가의 혜택을 얻을 수 있는 것은 아니다. 가장 중요한 것은 사고관점이다. 휴가를 떠나는 와중에도 일거리를 가지고 간다면 실제로는 자리를 비운 게 아닐 수도 있기 때문이다. 나도 그렇게 지낸 적이 있기 때문에 잘 아는데, 그런 식의 '휴가'는 재충전에 전혀 도움이 되지 않는다.

핀란드 사람들이 자주 그러듯, 특히 방학기간에는 휴가를 즐긴다는 생각으로 며칠이든 몇 주든 이메일과 소셜미디어를 멀리하면 실제로 도움이 된다. 나도 덕분에 더 활동적으로 몸을 움직이고, 자연을 더 깊이 감상하며, 충분한 휴식을 취하고, 가족이나 친구들과 온전히 함께 즐길 수 있었다.

즐거운 교실

수업의 목표는 즐거움이라는 것을 기억하라

　　전 세계적으로 학교에서의 행복을 우선시하는 움직임이 점차 커지고 있는 것 같다. 펜실베이니아대학교에서 긍정심리학으로 박사과정을 밟던 알레한드로 애들러(Alejandro Adler)는 부탄이라는 나라에서 18개 중등학교, 8천 명 이상의 학생들을 대상으로 연구를 진행했다. 그는 전체 학급을 둘로 나눠 한 집단에게는 마음챙김, 대인관계, 자기인식과 같은 10가지 삶의 스킬(life skills)에 중점을 둔 행복 교육과정(happiness curriculum)을 실시하고, 다른 집단에게는 플라시보 교육과정(placebo curriculum, 외관상으로는 약제와 같지만 실제 약효는 없는 것. 여기서는 행복 교육과정과 겉으로만 비슷하게 보이는 교육과정을 말함-옮긴이)을 실시했다(Adler, 2015; Parker, 2016).

　　그 결과, 행복 교육과정을 이수한 학생들의 행복감과 표준화 시험 점수가 현저히 높아졌다. 애들러(Adler, 2015)는 "일부 연구가 시사한 것과 달리, 행복감과 학업성취는 서로 대립관계에 있지 않다. 오히려 행복감이 높아지면 학업성적도 좋아졌다."라고 밝혔다.

2016년에 핀란드의 종합학교들은 새로운 핵심 교육과정을 시행했다. 이 교육과정에서는 즐거움이 하나의 학습개념으로 우선시된다. 연구결과에 따르면 이런 간단한 조치가 바로 행복을 증진하는 방법이다.

라후나탄(Raghunathan, 2016)이 실시한 실험에서 한 무리의 노동자들은 일주일 동안 매일 행복지수를 끌어올리기 위한 선택을 하라고 일깨워주는 이메일을 받았다. 일주일간의 실험이 끝났을 때 그들은 이메일을 받지 않은 노동자들보다 훨씬 행복하다고 말했다. 이 연구와 다른 연구들을 통해 라후나탄은 사람들에게 매일 행복을 극대화하도록 상기시켜주면 삶에서 더 큰 행복을 가져오게 하는 작은 결정들을 내리게 된다는 사실을 발견했다(Pinsker, 2016).

이 책이 전하는 가장 중요한 전략은 아주 간단하다. 즐거움을 잊지 말라는 것이다. 누구나 그렇듯, 힘든 시기가 닥치면 교실에서 즐거움을 우선시하는 일을 잊어버리고 싶은 유혹이 생길 수 있다. 주제넘게 나서는 일부 학부모의 무리한 요구에 굴복하거나, 아이들을 휴식 없이 계속 공부하도록 채찍질하거나, 학생들의 학습을 축하하지 않고 앞으로만 달리게 하고 싶은 마음이 들 수도 있다. 시험 기반의 책무성을 강조하는 이 시대의 많은 미국 교사들이 처한 상황을 생각해보면, 교실에서 즐거움을 우선시하지 않는 것이 더 수월하게 느껴질 수도 있다.

하지만 나에게는 즐거움이야말로 교사로서 계속 앞으로 나아가게 하는 요소이다. 나는 핀란드에서든 미국에서든, 아니 전 세계 어느 곳에서든 이것을 기억하고 교실에서 즐거움을 우선시하기로 다짐했다.

당신은 어떠한가?

참고문헌

파시 살베리의 서문에 쓰인 참고문헌

Allianssi (2016). *Nuorista Suomessa*. Helsinki: Allianssi.

Hargreaves, A. and Shirley, D. (2010). *The Global Fourth Way. The quest for educational excellence*. Thousand Oaks: Corwin.

OECD (2001). *Knowledge and Skills for Life. First results from PISA 2000*. Paris: OECD.

Sahlberg, P. (2005). Finnish Lessons 2.0: *What can the world learn from educational change in Finland*. New York: Teachers College Press.

본문에 쓰인 참고문헌

Adler, A. (2015, April 30). Gross national happiness and positive education in Bhutan. *IPEN Blog*. Retrieved October 20, 2016, from http://www.ipositive-education.net/gross-national-happinessand-positive-education-in-bhutan/

Allen, J. G., MacNaughton, P., Satish, U., Santanam, S., Vallarino, J., & Spengler, J. D. (2016). Associations of cognitive function scores with carbon dioxide, ventilation, and volatile organic compound exposures in office workers: A controlled exposure study of green and conventional office environments. *Environmental Health Perspectives, 124*(6), 805–812. http://dx.doi.org/10.1289/ehp.1510037

Anderson, M. (2010). *The well-balanced teacher: How to work smarter and stay sane inside the classroom and out. Alexandria*, VA: ASCD.

APA (American Psychological Association). (2014, August 8). Musical training offsets some academic achievement gaps, research says. *Science Daily*. Retrieved September 22, 2016, from https://www.sciencedaily.com/releases/2014/08/140808110024.htm

Cherry, K. (2016a, March 15). Five ways to achieve flow. *Very Well*. Retrieved October 20, 2016, from https://www.verywell.com/ways-to-achieve-flow-2794769

Cherry, K. (2016b, May 6). What is flow? *Very Well*. Retrieved October 20, 2016, from https://www.verywell.com/what-is-flow-2794768

Cheryan, S., Ziegler, S. A., Plaut, V. C., & Meltzoff, A. N. (2014). Designing classrooms to maximize student achievement. *Policy Insights from the Behavioral and Brain Sciences*, 1(1), 4–12. http://dx.doi.org/10.1177/2372732214548677

Connelly, C. (2016, January 3). Turns out monkey bars and kickball might be good for the brain. *National Public Radio*. Retrieved October 19, 2016, from http://www.npr.org/sections/ed/2016/01/03/460254858/turns-out-monkey-bars-and-kickball-are-good-for-the-brain

Davis, L. C. (2015, August 31). When mindfulness meets the classroom. *The Atlantic*. Retrieved October 20, 2016, from http://www.theatlantic.com/education/archive/2015/08/mindfulness-education-schools-meditation/402469/

Deruy, E. (2016, May 20). Does mindfulness actually work in schools? The Atlantic. Retrieved October 20, 2016, from http://www.theatlantic.com/education/archive/2016/05/testing-mindfulness-in-the-early-years/483749/

Elmers, J., & Kneyber, R. (Eds.). (2016). *Flip the system: Changing education from the ground up*. London: Routledge.

Ferlazzo, L. (2016, August 8). Response: starting the new year by 'building relationships'. *Education Week Teacher*. Retrieved on October 23, 2016, from http://blogs.edweek.org/teachers/classroom_qa_with_larry_ferlazzo/2016/08/response_starting_the_new_year_by_building_relationships.html

Finnish National Board of Education. (2016). *National core curriculum for basic education 2014*. Helsinki: Next Print.

Fisher, A. V., Godwin, K. E., & Seltman, H. (2014). Visual environment, attention allocation, and learning in young children: when too much of a good thing may be bad. *Psychological Science 25*(7), 1362–1370.

Halinen, I. (2015, March 25). What is going on in Finland? Curriculum reform 2016. Retrieved October 20, 2016, from http://www.oph.fi/english/current_issues/101/0/what_is_going_on_in_finland_curriculum_reform_2016

Hargreaves, A., & Shirley, D. (2012). The global fourth way: The quest for educational excellence [Kindle Reader version]. Retrieved from Amazon.com

Higgins, J. (2015, December 10). Buildings with fresher air linked to better thinking. *Seattle Times*. Retrieved October 20, 2016, from http://www.seattletimes.com/education-lab/buildings-with-fresher-air-linked-to-better-thinking/

Hoffman, J. (2014, June 9). Rethinking the colorful kindergarten classroom. *Well*. Retrieved

October 20, 2016, from http://well.blogs.nytimes.com/2014/06/09/
rethinking-the-colorful-kindergarten-classroom/?_r=0

Jennings, P. A. (2015). *Mindfulness for teachers: Simple skills for peace and productivity in the
classroom.* New York: Norton.

Khamsi, R. (2016, May 15). Bullies have a trump card. Slate. Retrieved October 20, 2016,
from http://www.slate.com/articles/health_and_science/science/2016/05/an
ti_bullying_programs_might_not_work_as_well_for_popular_bullies_like_don
ald.html

Khazan, O. (2016, July 21). How noise pollution impairs learning. *The Atlantic.*
Retrieved October 20, 2016, from http://www.theatlantic.com/health/
archive/2016/07/toddlers-and-noise/492164/

Lemov, D. (2015). *Teach like a champion 2.0: 62 techniques that put students on the path to college*
[Kindle Reader version]. Retrieved from Amazon.com

Liikkuva Koulu. (n.d.). More active and pleasant school days, brochure. Retrieved October
20, 2016, from http://www.liikkuvakoulu.fi/filebank/2342-Liikkuvakoulu_y
leisesite_en_web.pdf

Louv, R. (2008). *Last child in the woods: Saving our children from nature-deficit disorder.* Chapel
Hill, NC: Algonquin Books.

Louv, R. (2011). *The nature principle: Human restoration and the end of nature-deficit disorder.*
Chapel Hill, NC: Algonquin Books.

Miller, D. (2002). *Reading with meaning.* Portland, ME: Stenhouse.

Moss, C. M., & Brookhart, S. M. (2012). *Learning targets: Helping students aim for
understanding in today's lesson.* Alexandria, VA: ASCD.

National Center for Children in Poverty. (2016). Child poverty. Retrieved July 15, 2016,
from http://www.nccp.org/topics/childpoverty.html

OECD(Organization of Economic Cooperation and Development). (2015, September 15).
New approach needed to deliver on technology's potential in schools. Retrieved
September 27, 2016, from http://www.oecd.org/education/new-approach-
needed-todeliver-on-technologys-potential-in-schools.htm

Parker, O. (2016, July 11). Should happiness be part of the school curriculum? *The
Telegraph.* Retrieved October 20, 2016, from http://www.telegraph.co.uk/
education/2016/07/11/should-happiness-be-part-of-the-school-
curriculum/

Pellegrini, A. (2005, March 21). Give children a break. *Project Syndicate.* Retrieved on

October 27, 2016, from https://www.projectsyndicate.org/commentary/give-children-a-break

Pinsker, J. (2016, April 26). Why so many smart people aren't happy. The Atlantic. Retrieved October 20, 2016, from http://www.theatlantic.com/business/archive/2016/04/why-so-many-smart-people-arent-happy/479832/

Raghunathan, R. (2016). *If you're so smart, why aren't you happy?* [Kindle Reader version]. Retrieved from Amazon.com

Richardson, W. (2016, July 12). The digital ordinary. Retrieved October 20, 2016, from http://willrichardson.com/the-digital-ordinary/

Ring, E. (2016, June 10). Anti-bullying programme focused on changing bystander behaviour should be in Irish schools. Irish Examiner. Retrieved October 20, 2016, from http://www.irishexaminer.com/ireland/anti-bullying-programme-focused-on-changingbystander-behaviour-should-be-in-irish-schools-404099.html

Sage Publications. (2014, November 4). Researchers recommend features of classroom design to maximize student achievement[Press release]. Retrieved September 22, 2016, from https://us.sagepub.com/en-us/nam/press/researchers-recommend-features-of-classroom-design-to-maximize-student-achievement-0

Sahlberg, P. (2015). *Finnish Lessons 2.0: What can the world learn from educational change in Finland?* [Kindle Reader version]. Retrieved from Amazon.com

Schiff, S. (2016, July 11). A singing Harvard mathematician on using music to convince your kid they love math. Fatherly. Retrieved October 20, 2016, from https://www.fatherly.com/activities/music-activities/how-to-teach-kids-math-using-music/

Schonert-Reichl, K. A., Oberle, E., Lawlor, M. S., Abbott, D., Thomson, K., Oberlander, T. F., & Diamond, A. (2015). Enhancing cognitive and socio-emotional development through a simple-to-administer mindfulness-based school program for elementary school children: A randomized control trial. *Developmental Psychology, 51(1)*, 52–66.

Schulte, B. (2014). Overwhelmed: *Work, love, and play when no one has the time.* [Kindle Reader version]. Retrieved from Amazon.com.

Schwartz, K. (2014, October 6). Why daydreaming is critical to effective learning. *Mindshift.* Retrieved October 20, 2016, from https://ww2.kqed.org/mindshift/2014/10/06/why-daydreaming-is-critical-to-effective-learning/

Seppälä, E. (2016). *The happiness track: How to apply the science of happiness to accelerate your success* [Kindle Reader version]. Retrieved from Amazon.com

Strauss, V., and Sahlberg, P. (2014, March 24). The brainy questions on Finland's only high-stakes standardized test. *Washington Post*. Retrieved September 27, 2016, from https://www.washingtonpost.com/news/answer-sheet/wp/2014/03/24/the-brainy-questions-on-finlands-only-high-stakes-standardized-test/

Turner, S. (2013, October 18). TCU professor launches "pilot" program on recess at Starpoint School. TCU 360. Retrieved October 20, 2016, from https://www.tcu360.com/story/18744tcu-professor-launches-pilot-program-recess-starpoint-school/

Walker, T. (2014, June 30.) How Finland keeps kids focused through free play. *The Atlantic*. Retrieved on October 22, 2016, from http://www.theatlantic.com/education/archive/2014/06/how-finland-keeps-kids-focused/373544/

Walker, T. (2015, January 9). Finnish schools are on the move—and America's need to catch up. *The Atlantic*. Retrieved October 20, 2016, from http://www.theatlantic.com/education/archive/2015/01/finnish-schools-are-on-the-moveand-americas-need-to-catch-up/384358/

Walker, T. (2016a, September 15). Kindergarten, naturally. *The Atlantic*. Retrieved on October 22, 2016, from http://www.theatlantic.com/education/archive/2016/09/kindergarten-naturally/500138/

Walker, T. (2016b, October 7). The disproportionate stress plaguing American teachers. Retrieved on October 22, 2016, from http://www.theatlantic.com/education/archive/2016/10/the-disproportionate-stress-plaguing-americanteachers/503219/

Walker, T. (2016c, September 29). The ticking clock of teacher burnout. *The Atlantic*. Retrieved on October 22, 2016, from http://www.theatlantic.com/education/archive/2016/09/the-ticking-clock-of-us-teacher-burnout/502253/

Walker, T. (2016d, September 1). Where sixth-graders run their own city. *The Atlantic*. Retrieved on October 22, 2016, from http://www.theatlantic.com/education/archive/2016/09/where-sixth-graders-run-their-own-city/498257/

Wong, H. K., & Wong, R. T. (2009). *The first days of school: How to be an effective teacher.* Mountain View, CA: Harry K. Wong.

찾아보기

감사의 글

티모시 D. 워커(Timothy D. Walker)

3년 전쯤 뉴욕시의 한 편집자 데버라로부터 짤막한 이메일을 받았다. 헬싱키에서 아이들을 가르친 지 반년 정도 흐른 시점이었고, 〈Taught by Finland(핀란드에게 배우다)〉라는 블로그를 운영 중이었다. 데버라는 나에게 책을 쓸 생각을 해본 적이 있느냐고 물었다. 딱히 생각해본 적은 없었다.

나에게 이 책을 쓸 역량이 있다고 처음부터 믿어준 데버라 맬머드에게 감사한다. 또한 이 프로젝트의 진행과정 내내 최고의 협력이 무엇인지를 보여준 노턴(Norton)출판사 관계자들에게도 감사한다.

아울러, 헬싱키에서 교사생활을 시작한 첫해부터 핀란드 교육에 대해 외부인의 관점에서 글을 써보라고 격려해준 파시 살베리(Pasi Sahlberg)에게도 고마움을 표한다. 살베리 박사는 감사하게도 이 책의 서문까지 써주셨다. 또한 내가 2년간 즐겁게 일한 레수종합학교(Ressu Comprehensive School)의 전 동료들과 학생들에게도 감사한다. 이 책을 쓰면서 나는 핀란드의 다른 학교에 근무하는 교육자들과도 대화를 나눴는데, 기꺼이 대화에 응해준 그분들에게 감사한다.

헬싱키에서 교사생활을 시작하기 전 나는 탁월한 재능을 지닌 미국인 교육자 몇 명에게서 가르침을 받았다. 브라이언, 헨리, 조애나, 캐시, 린다 루, 스티븐, 트리샤에게 깊은 감사를 드린다. 그리고 내 아내 요한나와 우리 아이들 미사이얼과 아달리아에게도 고마움을 표한다. 가족의 사랑은 나에게 커다란 기쁨을 가져다준다. 마지막으로, 이 모든 은혜를 베풀어주신 하느님께 깊은 감사를 드린다. ▦

핀란드 교실에서 발견한
행복수업 테라피

2022년 9월 1일 1판 1쇄 인쇄
2022년 9월 15일 1판 1쇄 발행

지은이 티모시 D. 워커
옮긴이 권오량

펴낸이 이찬승
펴낸곳 교육을바꾸는책
편집 장현주
디자인 리브러브런
일러스트 조선아
제작 류제양

출판등록 2012년 4월 10일 | 제313-2012-114호
주소 서울시 마포구 양화로 7길 76 평화빌딩 3층
전화 02-320-3600
팩스 02-320-3611

홈페이지 http://21erick.org
이메일 gyobasa@21erick.org
유튜브 youtube.com/user/gyobasa
포스트 post.naver.com/gyobasa_book
트위터 twitter.com/GyobasaNPO
인스타그램 instagram.com/gyobasa

ISBN 978-89-97724-15-4 03370